相手の心をつかむ

話し方・伝え方

Gakken

PROLOGUE

ビジネスの現場では、個人の資質や能力以上に
コミュニケーション能力が問われる。
自分の意見を口にするだけで人は動いてくれないので、
大切なことを「いつ」「どのように」伝えるかが大切だ。
正確に効率よく、誤解を招かずに流暢に話し、
しかも「好かれる人」になるためには、どうするか？

本誌で紹介する「話し方・伝え方」を実践して、
コミュニケーションの質を高め、本来の実力を発揮しよう。
評判が高まり、評価が上がれば、
本当に満足できる結果が出せる。

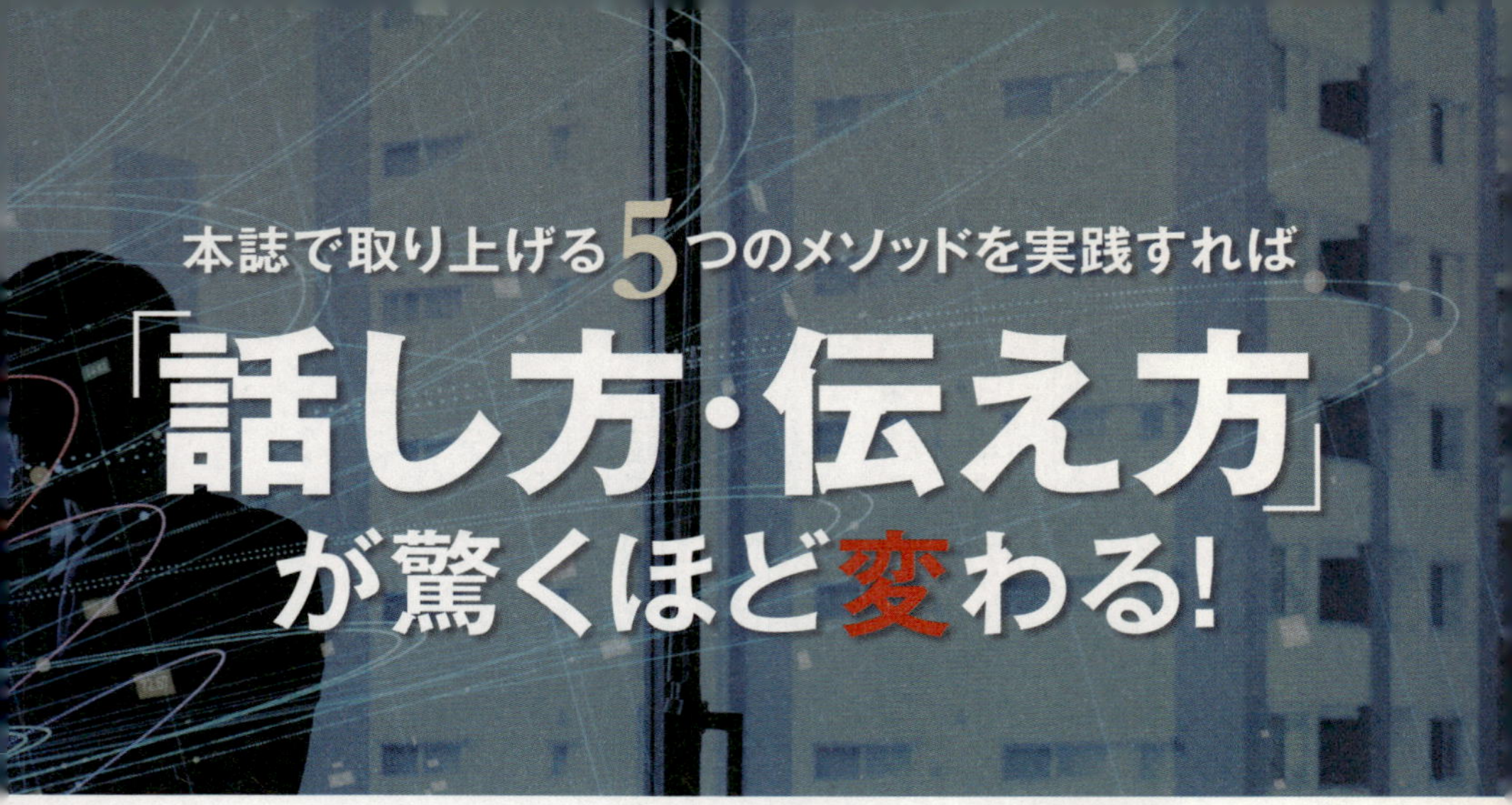

本誌で取り上げる5つのメソッドを実践すれば

「話し方・伝え方」が驚くほど変わる!

method
1

現場実践型の
経営コンサルタント
横山信弘さん

が教える▸▸▸

対話力

伝え方を間違えていなくても、話が嚙み合わないことがある。嚙み合わなければ、仕事の効率は上がらない。相手のクセや傾向に合わせながら実のある会話を引き出す技術（対話力）を磨こう。また、後半のパートでは、チーム全体の空気を変える会話の技術を紹介する。

method
2

文献学・書誌学の専門家
山口謠司さん

が教える▸▸▸

語彙力

言葉の数やバリエーションが乏しい人は実力よりも低く評価されてしまう。語彙力を高めて、ビジネスの現場にふさわしい言い回しを覚えよう。まずは、語彙を高めるための具体的なメソッドを紹介。併せて、シチュエーションに合わせた必須の語彙を具体的に解説する。

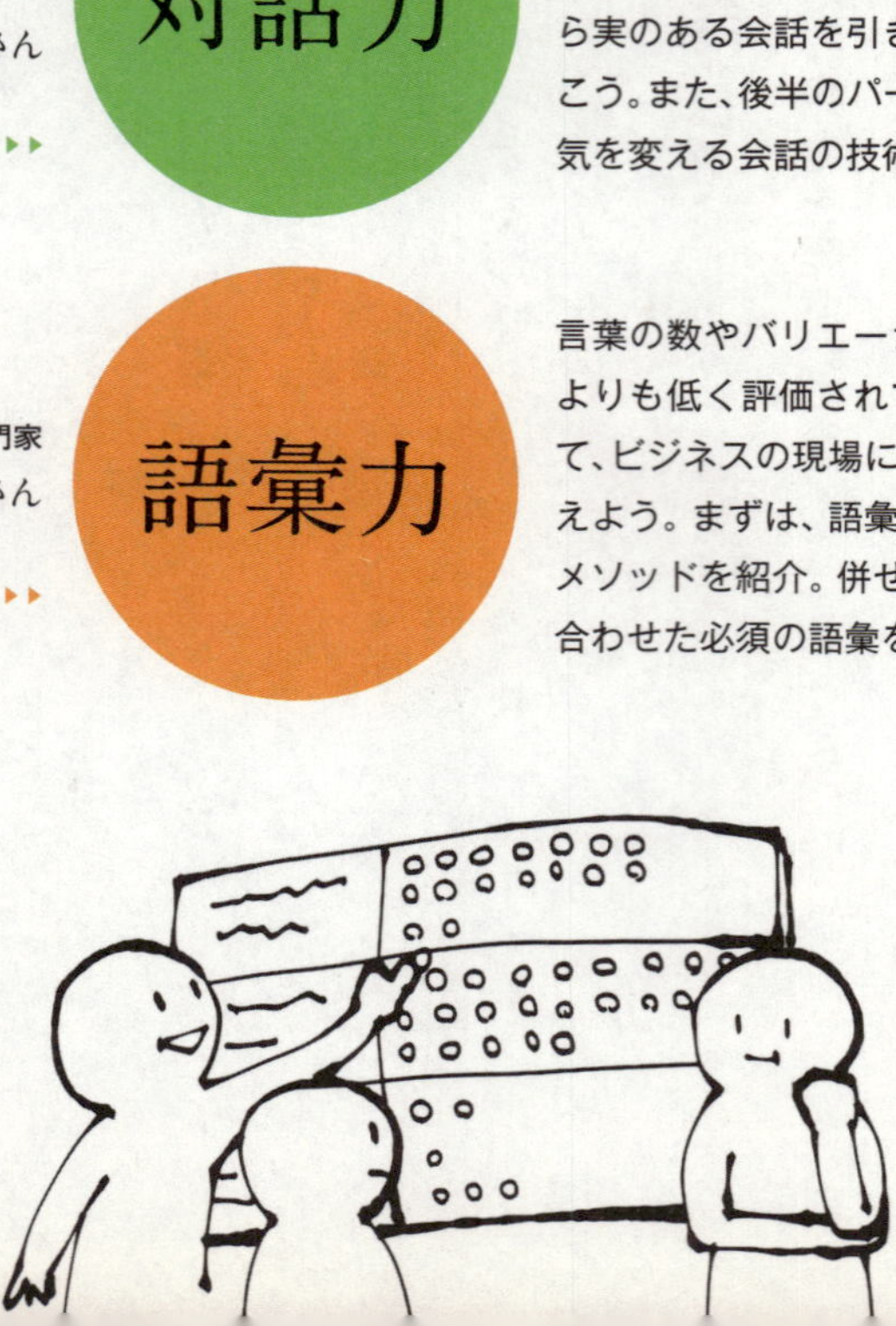

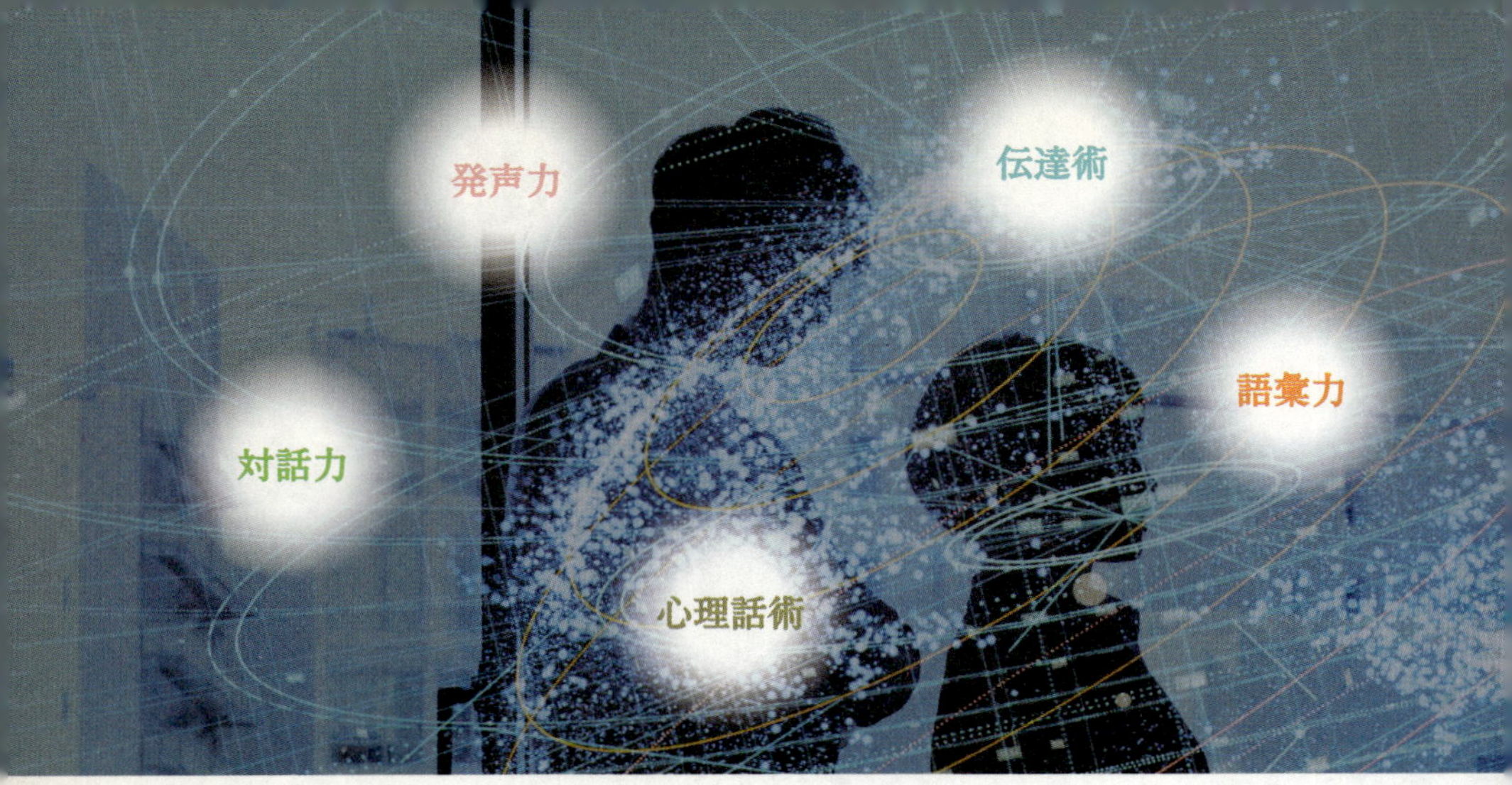

method
3

アサーティブ・トレーナー
森田汐生さん
が教える ▸▸▸

伝達術

攻撃的に主張すれば、孤立してしまう。しかし、相手に合わせてばかりでは、ストレスをため込んでしまう。仕事の場で円滑なコミュニケーションを実践するためには「ほどよい主張」のワザが必要だ。会話の具体例をあげながら、「アサーション」の技法を明らかにする。

method
4

心理カウンセラー
櫻井勝彦さん
が教える ▸▸▸

心理話術

円滑なコミュニケーションを実現して快適に過ごすため、心理学やカウンセリングにもとづくメソッドをたくさん覚えておこう。前半は人間関係を変えるために有効なテクニックをまとめて紹介。後半は心を健康な状態に保てる「メンタルケア」のテクニックを掲載する。

method
5

フリーアナウンサー
魚住りえさん
が教える ▸▸▸

発声力

伝える内容は重要だが「伝え方」も負けず劣らず大切だ。発声の方法を少し工夫するだけで、驚くほど相手にメッセージが伝わるようになる。今回は、アナウンサーならではの「声の操り方」を丁寧に解説。よい声を出すための簡単なトレーニング方法も具体的に提案する。

CONTENTS

仕事の教科書 mini

相手の心をつかむ 話し方・伝え方

PROLOGUE 4

【対話力】横山信弘

結果を出す人のコミュニケーション技術

話を噛み合わせる技術で「仕事の対話」はうまくいく 16
どんな要注意人物にも効く対話の基本技術 18
【聞く力】hear・listen・askを使い分ける 20
【話す力】ホールパート法で誤解を防ぐ 22
【会話力】バックトラッキングで流れを促す 24
【資料作成力】資料を作成してギャップをうめる 26
「空気革命」でチームを変える技術 28
「場の空気」に向けて発信する 30
「ティーチング」で心に火をともす 32
「正しい承認」をする 34

【語彙力】山口謡司

大人の品格が備わる言葉の使い方・増やし方

語彙のレベルを上げるだけで信頼される大人になれる 36
使える言葉をどんどん増やすコツ 38
「1分音読」初心者用サンプル 40
社会人の会話に必要な語彙5 42
感情を込める大人の語彙5 44

フォーマルな言い回し7　46

ワンランク上を目指せる語彙5　48

知らないと恥をかくカタカナ語8　50

【伝達術】森田汐生

相手を怒らせない「ほどよい主張」のワザ

互いの対等な立場を認め合えば問題を一緒に解決できる　52

返し方でわかる！　自己診断テスト　54

おこりキャラ（攻撃的）　57

ひるみキャラ（受身的）　58

いやみキャラ（作為的）　59

アサーティブ（ほどよい主張タイプ）　60

アサーティブを支える4つの柱とは？　61

「アサーティブな表現」の基本的な流れ　62

責めないで伝えるコツ　64

上手に「ノー」を言うコツ　65

ポジティブな感情を伝えるコツ　66

【心理話術】櫻井勝彦

激務を乗り切る心理テクニック

しっかり話を聞くことで相手の心理が理解できる　68

プレッシャーに打ち勝つ2ステップ　70

72 明日からの仕事に活かせる！ 心理テクニック18

72 人間関係を変える

78 メンタルケア

84 column 言葉遣いで性格がわかる あなたの知り合いはどのタイプ？

【発声力】 魚住りえ

声と話し方を磨いて信頼される人になる方法

86 簡単なトレーニングでいい声と話し方が手に入る

88 【声】いい声が手に入る簡単トレーニング

94 【声・話し方】話が伝わりやすい声の操り方

96 【話し方】話し方が劇的によくなる朗読のコツ

98 【話し方】仕事がうまくいく会話のテクニック

99 タイプ別 身近な人の攻撃をさっとかわす方法

怒りっぽい人／悪口を言う人／ウソをつく人／ネガティブな人

神経質な人／自慢ばかりする人／おせっかいな人

114 column 上司・先輩からの理不尽な命令は一度冷静になるのが得策

115 すぐに使える できる大人のモノの言い方

お礼をする／おわびをする／ほめる／報告する／連絡する／相談する／電話を受ける

電話をとりつぐ／お願いする／主張する／お断りする／催促する

対話力

結果を出す人の
コミュニケーション技術

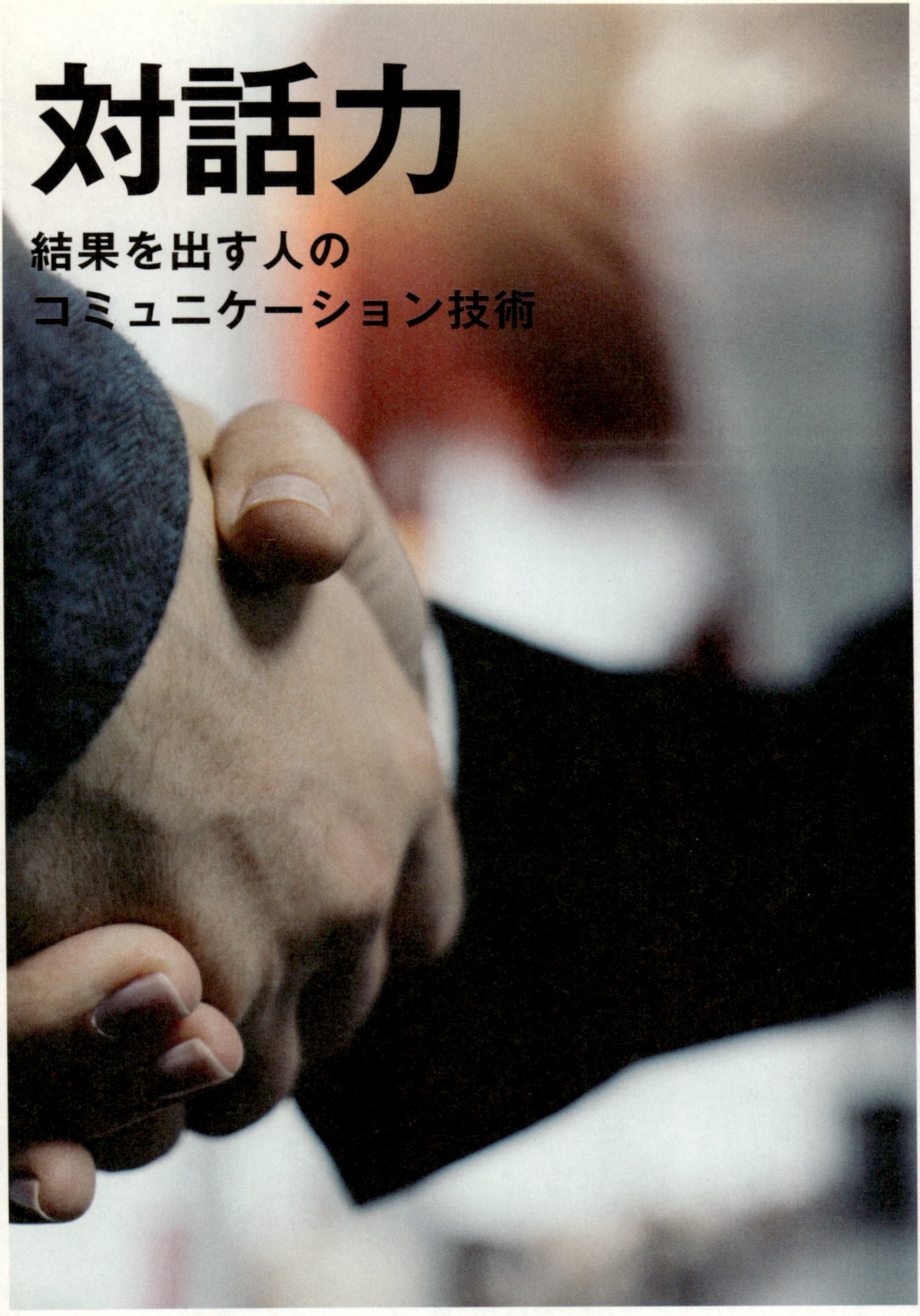

こんな経験はありませんか？

話が伝わらない要注意人物とは？

「あさっての方向」
に話を流す人
「早とちり」
で誤解する人
はじめに
「結論ありき」の人

↓

話を嚙み合わせる技術を習得する

「話が伝わらない要注意人物」は大きく分けて3つのタイプがある。
話を嚙み合わせる技術を学んでコミュニケーションを改善するために、
まずは3つのタイプの口癖と典型的な会話のパターンを覚えておこう。

イラスト：津田蘭子

TYPE 1 「あさっての方向」に話を流す人

特定のキーワードやその場で思いついたことに気を取られ、論点からどんどんズレてしまうタイプ。論点に引き戻さないと、何の話をしていたのか、お互いにわからなくなる。

このタイプの口癖

- □ ところで
- □ そう言えば
- □ ちなみに

典型的な会話のパターン

「課長、来週の打ち合わせ、いつにしますか？」

「来週か、そう言えば、来週は北海道へ出張だなぁ。チケットは手配してくれた？」

「……は、はい」

「何時の便だった？」

解決の糸口

ズレ始めたら確認して話の論点をすり合わせる

遠慮をせずに軌道修正すること。「ズレた」と感じたらストップし、何の話をしていたかを再確認する。「バックトラッキング」（P.24）の質問で論点をもとに戻す方法も有効だ。

TYPE 2 「早とちり」で誤解する人

充分な情報を得る前に、強い先入観が働き、誤解してしまうタイプ。頭の回転が速く想像力が豊かなため、相手の話をきちんと聞き取る意識が低くなっている。

このタイプの口癖

- □ わかってる、わかってる
- □ 要するに、アレでしょ

典型的な会話のパターン

「例のA社の提案書、NGが出ました」

「要するに、アレでしょ。コストを下げろってことでしょう？」

「いやいや、違う……」

「そうだよ、絶対。A社はコストに厳しいからね」

「いや、今回はコスト面よりもむしろ……」

「問題はコストだよ。聞かなくてもわかるわよ」

解決の糸口

正しい情報を補足して誤解を解く努力をする

相手が先入観を持っている場合は、それを打ち消す正しい情報を提示する必要がある。「ホールパート法」(P.22) や「バックトラッキング」(P.24) などの方法が有効だ。

TYPE 3 はじめに「結論ありき」の人

努力してアプローチしても「結論ありき＝否定」なので、聞き入れてもらえない。社会的に地位が高い人ほど、頑なになり、素直に相手の話をきかない傾向があるのでやっかいだ。

このタイプの口癖

- □ 〜すれば いいわけではない
- □ 決め手に欠けるなぁ
- □ 見たことも 聞いたこともない

典型的な会話のパターン

「部長、例の提案書にゴーサインをください」

「うん、でもね、決め手に欠けるなぁ……」

「お願いします！」

「中途半端な形で出してもねぇ……」

「今週末が締め切りです」

「出せばいいってわけでもないだろ。締め切りは延ばせるよ」

「来週は出張が入っていて……」

「とにかく、もう少しもんでみてくれる」

解決の糸口

関係の構築からやり直して信頼関係を結ぶ

「否定ありき」の態度を改めてもらうために、信頼してもらえる事実を積み重ね、関係を再構築する必要がある。客観的な判断に役立つ「資料を作成してギャップをうめる」（P.26）が有効だ。

1
対話力

結果を出す人のコミュニケーション技術

PROFILE
株式会社アタックス・セールス・アソシエイツ代表取締役社長。企業の現場に入り、目標を絶対達成させるコンサルタント。大企業から中小企業にいたるまで幅広く手掛け、3大メガバンクなどでも研修実績がある。現場でのコンサルティング支援を続けながらも、年間100回以上の講演を行う。コラムニストとしても人気。著書も多数。

教えてくれたのは
現場実践型の経営コンサルタント
横山信弘さん
Nobuhiro Yokoyama

ビジネスの現場では、どんな「対話力」が必要か？
どうすれば、その力を養えるのか？ 百戦錬磨の経営コンサルタントに聞いた。

”話を噛み合わせる技術で「仕事の対話」はうまくいく“

「伝わっているか」を判断し対処法を変える必要がある

日々企業の現場に接し、目標達成のために戦ってきた横山さんは「ビジネスの現場で重要なのは『話し方』ではなく、『話を前に進める力』です」という。

目標達成とともに業務効率も求められる昨今の状況で「話を前に進める力」がますます重要になっている。

「話が噛み合わなければ、お互いに大きな時間をロスします。話の歯車を正しく修正し、空回りを避ける技術が強く求められているのではないでしょうか」

話好きな人や頭の回転が速い人の中にも、話が伝わりにくい人はいる。SNSによる発信が当たり前になり、対面コミュニケーションの機会が減りつつある今、会話のキャッチボールをできない人も増えている。

「自分の話し方を変えるだけでは不十分です。相手が『話を聞いて正しく認知しているか』を判断し、それに合わせて対処

対話力

対 個人

聞く力	hear・listen・askを使い分ける	▶ P.20
話す力	ホールパート法で誤解を防ぐ	▶ P.22
会話力	バックトラッキングで流れを促す	▶ P.24
資料作成力	資料を作成してギャップをうめる	▶ P.26

対 チーム

空気革命	でチームを変える技術	▶ P.28

法を変える必要があります」

ビジネスにおける対個人の会話では話を前に進めることが第一。どんなにうまく話せても相手の理解が伴わなければ、結果を出すことができないからだ。

場の空気を変えなければ人を変えることはできない

企業の経営陣や中間管理職など、数多くのリーダーに接してきた横山さんは「チーム全体の空気を変えることも大切だ」と気づいた。対個人の話術に間違いがなくても、「場の空気」に支配されて身動きが取れなくなることがあるからだという。

「場の空気を変えずに人を変えようとしても、うまくいきません。リーダーには空気を変える力も求められています」

横山さんは場の空気を変える方法を「空気革命」と呼んでいる。もし、「リーダー」という立場なら、対話力を磨くと同時に、この革命を実行する方法も併せて学んでほしい。

横山さんの著書

話を噛み合わせる技術
フォレスト出版／1,512円

「話が噛み合わない」のはなぜか。その現象を引き起こすメカニズムと具体的な対策を解説。

「空気」で人を動かす
フォレスト出版／1,512円

チームや組織の「空気」を変える方法をNLP理論、脳科学、行動経済学に基づいて紹介する。

＼コミュニケーション技術を磨く前に知っておきたい／

どんな要注意人物にも効く【対話の基本技術】

相手がどんなタイプでも、伝えやすくするために心がけておくべきことがある。
まず、対話の基本技術に関する理解を深めよう。

Basic 対面でコミュニケーションをとる

簡単

対面
非言語データ
表情
態度
声色

電話
非言語データ
表情

メール

噛み合わない
話の補正は
いちばん難しい!

難しい

できるだけ対面で話せばくい違いを修正できる

対面の場合、言葉以外に「表情」「態度」「声色」などの非言語データで簡単に気持ちを察知できる。一方、メールは、言葉以外に手がかりがないので話がこじれやすい。意思の疎通ができていないと感じたら、早めに対面で話をしたい。

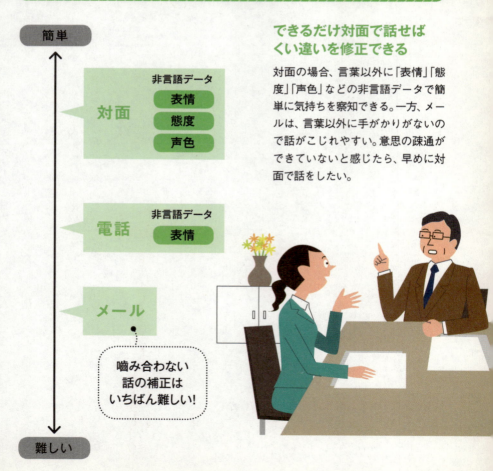

Basic 「外国人」をイメージして接する

こちらの接し方を変えれば誤解が生まれにくくなる

「相手に察してもらえる」「言わなくてもわかる」などの思い込みが誤解を招く。思い込みを捨て、「外国人に道を聞かれた状況」を想定して、ゼロから説明する気持ちで丁寧に接してみよう。

Point 1 前提となる知識を丁寧に伝える

「前提となる知識を共有している」と考え、説明を省略することで話が噛み合わなくなる場合がある。とくに初対面の場合は、丁寧に、「何を」「いつまでに」などの情報を補足することが大切だ。

必要事項を資料に記入して郵送してください

捕捉❶
何を記入するか？
・志望の動機
・語学試験の結果
・希望する部署

捕捉❷
いつまで？
今月末までに必着

Point 2 ゆっくり話し、論点をくり返す

自分で考えているほど、話は相手に伝わっていない。話を聞き取ることが苦手な相手の場合、「半分以上はまだ伝わっていない」と考えるべき。「もう一度～」「念のため～」の前置きをして、ゆっくり論点をくり返そう。

もう一度、説明しますね

念のため、まとめると……

Point 3 通じないときもイライラしない

相手が勘違いをしたり誤解したりすると、イライラしてしまいがち。言葉を荒げても、よい結果は得られない。「外国人に説明している」つもりで、粘り強く表現を変えながら伝える努力をしたい。

＼封印したいイライラフレーズ／ ×

さっきも言いましたが……

私の説明が悪いんですか？

どうして、そうなるの？

hear・listen・ask を使い分ける

一般的に「相手の話を聞け」とよく言われるが、実際に「聞く」には、「hear」「listen」「ask」という3つの行動が含まれている。相手の話し方や話の展開に合わせて、3つの行動を適切に使い分けよう。

hear ▸ 積極的に話したい人に対して傾聴する

相手が「積極的に話をしたい」と考えているときは「hear」で耳を傾ける。話をさえぎらずに傾聴しつつ、相づちの言葉と態度で「真剣に聞いていること」をきちんと示すことが重要だ。「hear」で傾聴する態度を実行すれば、信頼関係を築ける。

相手が話している最中に口をはさまない

ところで……
それはたぶん……
つまり……
自分
相手

相づちを打ち、「聞いていること」を示す

なるほど
そうですね
よくわかります
それで？
自分
相手

listen ▸ 論理が必要な話は論点をとらえて返す

打ち合わせや会議の場で、論理的なコミュニケーションが求められる場合は、「listen」を選択する。相手の話を注意深く聞きながら、つねに「論点は何か」と考えることが大切だ。できるだけ感度を高め、要約文を書くつもりで論点を逃さないよう聞こう。

相手の話の論点

残業時間を減らすためにアイデアを出してほしい

論点をはずした返事

お互いに疲れがたまっていますよね

×

○○社は今年から残業禁止になったそうです

論点に合った返事

繁忙期だけなら、作業を外注できるかもしれません

○

ムダな実務を削減すれば退社時間が早まります

ask ▸ 相手の要求やニーズを引き出すために質問する

「聞く」には、「ask（尋ねる）」という意味もある。「hear」「listen」を前提に、的確なタイミングで質問をして、相手の求めていること（要求またはニーズ）を再確認しよう。右のような質問を返せば、お互いに頭が整理されるという効果もある。

例

要点を確認する質問 ▸ それは○○ということで、よろしいですよね？

あいまいさを排除する質問 ▸ ～の場合は、どう考えればよいでしょう？

優先順位を確かめる質問 ▸ ～の場合は、どちらを優先しますか？

ホールパート法で誤解を防ぐ

聞き手の誤解を招かないように話すために、「ホールパート法」を活用しよう。
下の図のように、話の全体像を「幹」としてイメージし、
「幹 → 枝 → 葉」の順に捕捉しながら話せば、話の内容が伝わりやすくなる。

ホールパート法とは?

相手に伝えたい全体像（ホール）をはじめに提示し、そのあと詳細（パート）を説明、最後にもう一度結論に戻って話を締めくくる話法。結論が先に示されることで、相手も論点をつかみやすくなる。

3
話の葉
2の補足
2
話の枝
1の補足
1
話の幹
全体像

ホールパート法の展開例

プレゼンテーションなどで、聞き手にわかりやすく伝える必要がある場合は、「幹 → 枝 → 枝 + 葉」の順に段階的に詳細を説明する。そのあと「枝 → 幹」の順にくり返して終える。

幹　3年後に、われわれの部署の売り上げを2倍にすることが目標です。

この目標を達成するため、新たに3つのアクションプランを提案します。

枝A　まず、顧客の新規獲得です。

▼

枝B　次に、メディアへの露出です。

▼

枝C　さらに、社員の意識改革を行います。

枝A + 葉a　顧客の新規獲得のために、~という方法を考えています。

▼

枝B + 葉b　2つ目のメディアへの露出については、~という方法を提案しました。

▼

枝C + 葉c　3つ目の社員の意識改革は、~を実施することで進めていきます。

枝A ▼ 枝B ▼ 枝C　顧客の新規獲得、メディアへの露出、社員の意識改革は、どれ1つ欠かせない重要な課題です。

最後にもう一度、全体像（幹の部分）を提示して、締めくくる

幹　3年後に、われわれの部署の売り上げを2倍にするために、よりよい方法を一緒に考えてもらえませんか。

TYPE 1 「あさっての方向」に話を流す人に効く

TYPE 2 「早とちり」で誤解する人に効く

バックトラッキングで流れを促す

会話のキャッチボールがスムーズにできるようになれば、誤解やすれ違いが生まれにくくなる。そのために有効なのが「バックトラッキング」。相手の言葉を借りて質問で返すことが会話の潤滑油となる。

バックトラッキングとは?

相手が使った言葉をできるだけ反復する話法。この方法を使えば、信頼関係を築きやすくなる。「オウム返し」のように、同じように返す必要はなく、ときには相手の論点や感情を要約して返してもいい。

論点を確認する質問で話のズレを軌道修正できる

「バックトラッキング」には、論点のズレを修正するという効果もある。相手の発言を要約して質問として返したときに、相手が否定したら、論点を再確認してもとに戻せばOK。相手が肯定したら、論点がズレていないことを再確認できる。

相手の話の内容

A社の社長の○○さんは来年引退して、田舎暮らしを始めるそうです。悠々自適でけっこうな話ですね。でも、後継者は、だれでしょう。A社は大切な取引先ですから、気になりますね。

論点がつかめていない質問

そうですか、社長の○○さんは、引退して田舎暮らしを始めるんですね

相手が否定
話を軌道修正できる

論点がつかめている質問

そうですよね、A社の後継者がだれになるか、気になりますね。

相手が肯定
キャッチボールが成立

多岐にわたる話はメモをとりながら対応する

話が複雑で多岐にわたる内容なら、「バックトラッキング」に「パラフレージング」の技法（下欄を参照）をプラスしよう。メモを読み上げて再確認すれば、勘違いを未然に防げる。

先日、わが家の照明をすべてLEDに変えました。
10万円以上の出費でしたが、約5年間で減価償却できるそうです。
家電販売店の営業担当者が数字を示して説明してくれたので、
納得できましたね。
やはり、「数字の力は強い」と思い知らされました。
丁寧な接客も大事だと思いますが、そこに数字の力が加われば、
鬼に金棒ですよね。

「数字の力」は大切ですね　**バックトラッキング**

……そこで、この提案書ですが、まだ「数字の力」が足りないと
感じました。数値は記入してありますが、
まだ訴求力が不足しているように思えます。
図やグラフでもっとアピールできないでしょうか。

なるほど、図やグラフでアピールするんですね　**バックトラッキング**

具体的には、○○ページの数値ですが……（省略）

それでは、最後に確認させていただきます。
提案書の修正点は～（メモを読み上げる）

パラフレージング

POINT

パラフレージングのポイント

本来は文章を読んで同じ内容を別の言い方に変える技法。ここでは、ビジネスの現場で「論点を再確認するためにメモを示すこと」を指す。右のポイントに留意しよう。

- □ 資料に直接メモをとる
- □ メモの内容を相手に見せる
- □ 最後に読み上げて確認する

資料を作成して ギャップをうめる

論理的なコミュニケーションを行う場合、話をする側もポイントを絞り、もれなく情報を伝える必要がある。とくに「結論ありき」タイプの人には、話すら聞いてもらえないかもしれないので要注意。

3つのコツをつかんで説得力のある資料を用意し、耳を傾けてもらおう。

どう、
がんばるの?
がんばります!
上司
部下

資料も提案書も持たずに口頭で意気込みだけ伝えても、話は前に進まない。説得の材料を用意しよう。

コツ 1 「事実」のみを記載する

論理的コミュニケーションを補足する資料には客観的な「事実」だけを書き、簡潔にまとめること。「意気込み」や「意見」を盛り込むと、資料の目的があいまいになる。また、分量が増えることで読んでもらえないケースもある。どうしても伝えたい場合は、口頭で捕捉しよう。

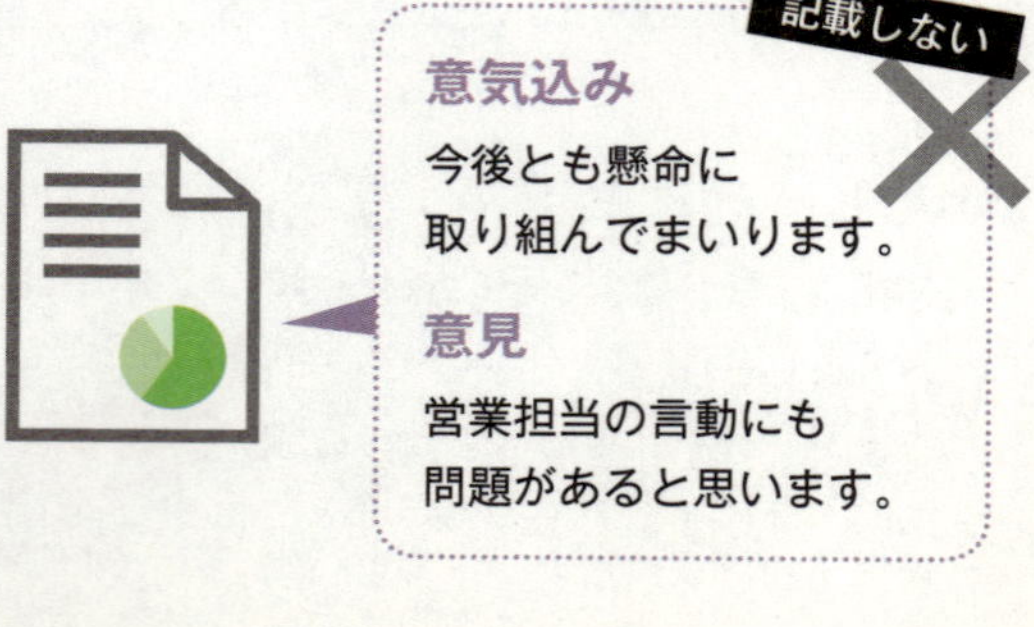
記載しない
意気込み
今後とも懸命に
取り組んでまいります。
意見
営業担当の言動にも
問題があると思います。

コツ2 必要な項目だけを記載する

「事実であればOK」というわけではない。捕捉の資料には、テーマに関連のある事実だけをピックアップしよう。たとえば、資料のテーマが「商品Aのクレーム件数」なら、「商品Aの原価率」は不要。余分な項目を掲載すると、論点がボケてしまう。

例 商品Aの「クレーム件数」に関する資料

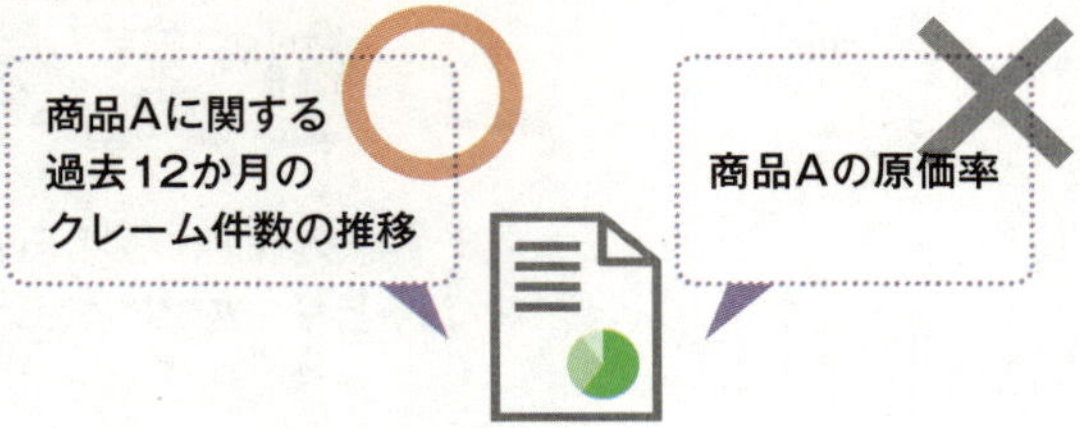

コツ3 シンプルな図を作成して示す

客観的な事実に数値は不可欠だが、細かい数字をその場で見せられても、すぐには判断できない。できるだけシンプルなグラフを添えて、視覚に訴えよう。

視覚に訴えるシンプルなグラフ

棒グラフ

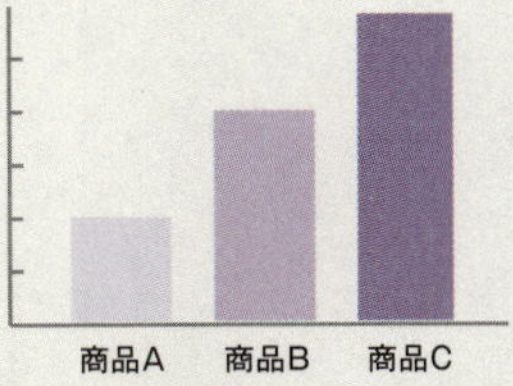

データの大小を単純に比較したい場合に使う。項目ごとに色を変えるとわかりやすい。

折れ線グラフ

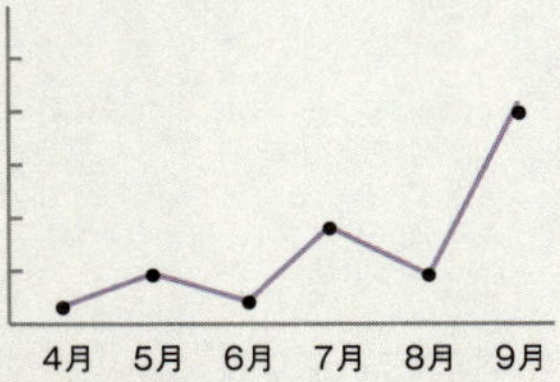

時間の経過に伴うデータの推移を示すときに。急降下、急上昇のポイントを確認しやすい。

円グラフ

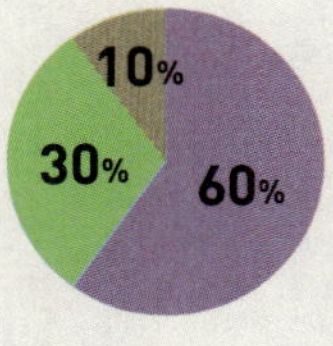

おもに全体の中における構成比を示すときに使用。色分けして示せば、さらにわかりやすくなる。

散布図

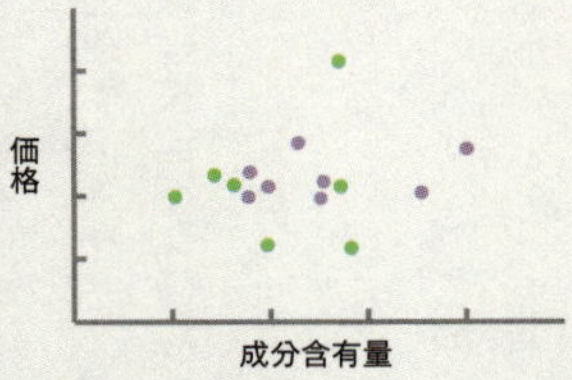

複数のデータの相関関係を示す場合に使う。サンプル1つを1つの点（ドット）で表示。

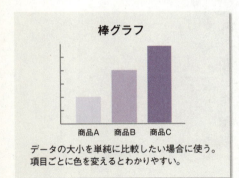

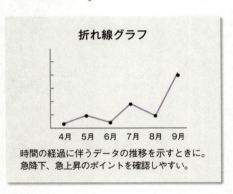

＼リーダーはもちろん、ビジネスパーソンなら知っておきたい！／

「空気革命」で【チームを変える技術】

たった一人で「場の空気」を変えるのは簡単ではない。
まず、自分のチームがどんな空気に支配されているかを考えよう。

Basic 「空気」を読むことから始めよう

職場の空気を変えれば
チームの戦闘力が上がる！

職場に漂う「場の空気」は大まかに4つに分けられる

横山さんによるとビジネスの現場に漂う「場の空気」には4つの種類があるという（P.29の図を参照）。理想の状態は「締まった空気」で、この空気に場が支配されると、ほどよい規律と緊張感が生まれ、チームのパフォーマンスが最大限に発揮されるようになる。

一般的に陥りがちなのは、規律が厳しすぎる「縛られた空気（ガチガチの状態）」または緊張感が足りない「緩んだ空気（ナアナアの状態）」。この2つの状態を放置すると、「ほどけた空気（最悪の状態）」に移行する恐れがあるので、注意しよう。

(場を支配する4つの空気とは?)

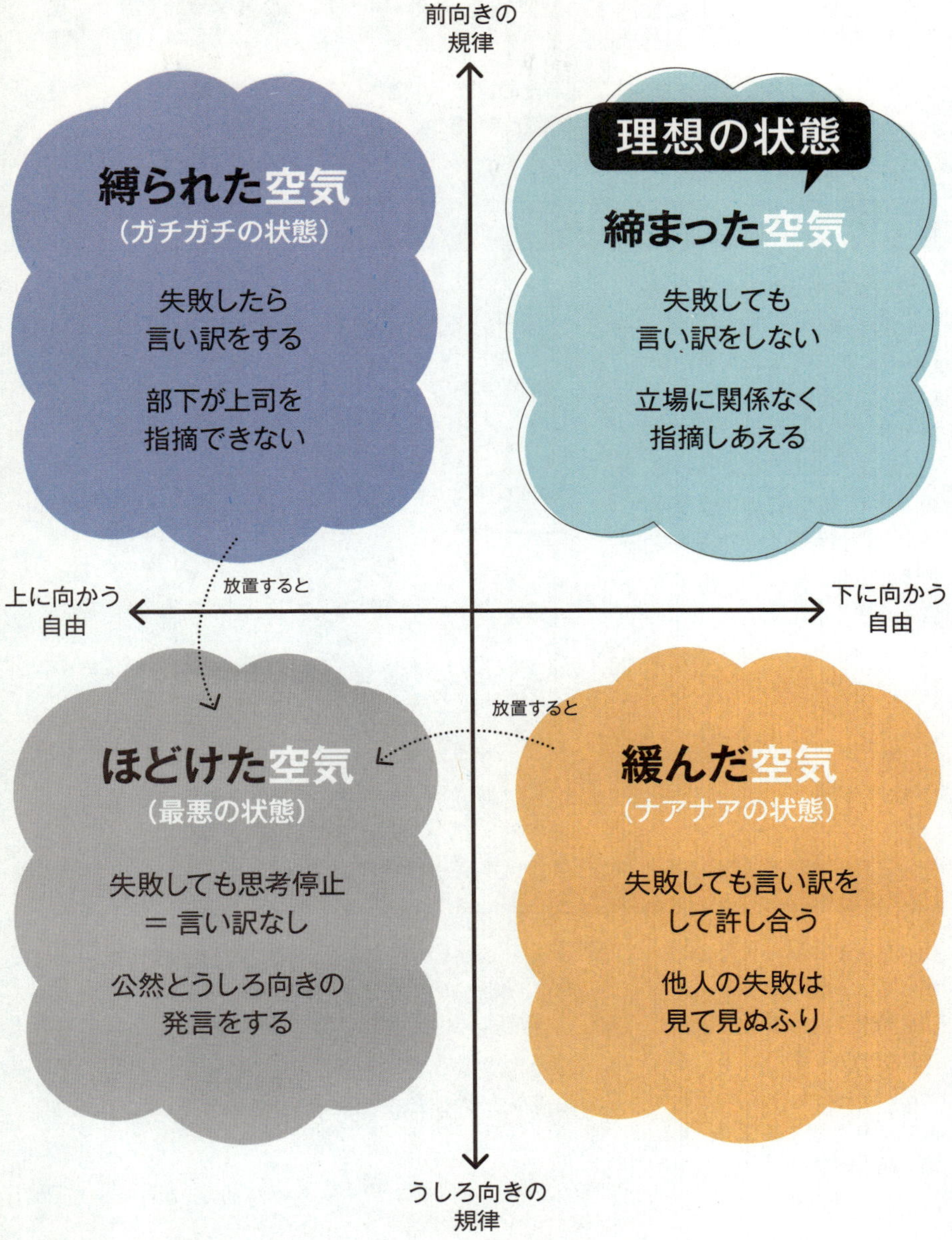

対象 チーム全員

「場の空気」に向けて発信する

「締まった空気」に変えるため、チーム全体に向けて発信しよう。
メッセージを伝える際の留意点を5つのポイントとして紹介する。

POINT 1 「1対1」でメッセージを発信する

その日に顔を合わせたメンバー全員にあいさつすること。「おはよう」「今日は天気がいいね」と声をかける。また、「お疲れさま」「大変でしたね」など、ねぎらいの言葉をかけるのも忘れずに。このような声がけの習慣が相手の存在を認めることにつながり、空気を変えるきっかけになる。

POINT 2 「1対多」でメッセージを発信する

リーダーがメンバー全員に向かって、つねに同じメッセージを発信し続けることも大切だ。右のような「1対多」の状況で、チーム全体に浸透するまでくり返してみよう。少しずつ場の空気が変化していくことに気づくはずだ。

朝礼・会議の講和	チームメンバー全員を対象にメッセージを手短に発信する。毎回、同じ内容でもかまわない。
協調者との対話	自分の意見に同調してくれるメンバーを選び、チーム全体に聞こえるように発信する。
メールの情報配信	週に1度の割合で、メンバー全員に向けて、伝えたいメッセージをメールで送信する。

POINT 3 8か月間をメドに、継続して発信する

メンバーに「またか」と思われてもOK。同じメッセージを少なくとも8か月間以上をメドにして発信し続けることが大切だ。何度もくり返すことでインプリンティング効果（刷り込み）が実行される。チーム全体の「空気」に投げかけるイメージで実行してみよう。

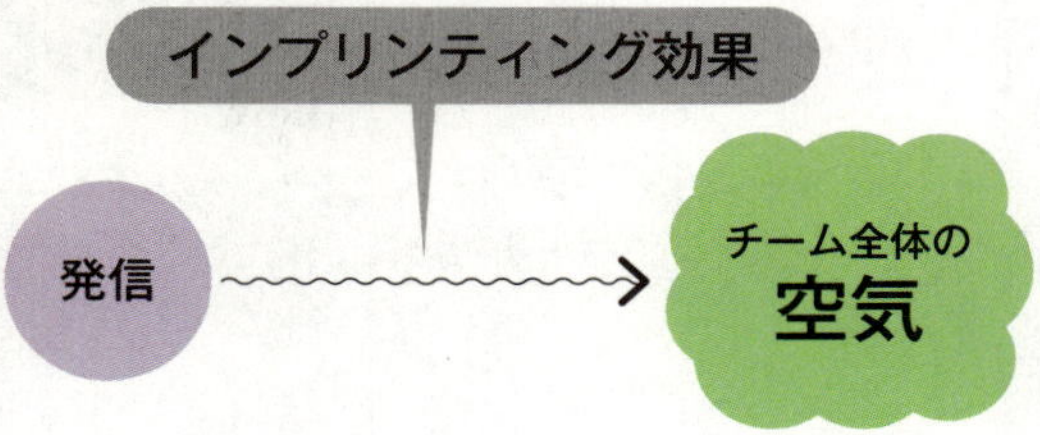

POINT 4 「ぼかし表現」をやめる

リーダーがメッセージを発信するときは、あいまいな表現を避けること。「積極的にいこう」「ベストを尽くそう」などは便利な言葉だが、何をどうすればよいのかが示されていないので、「ぼかし表現」だと言える。言葉をぼかすと場の空気までぼやけるので、注意したい。

例「ぼかし表現」の例

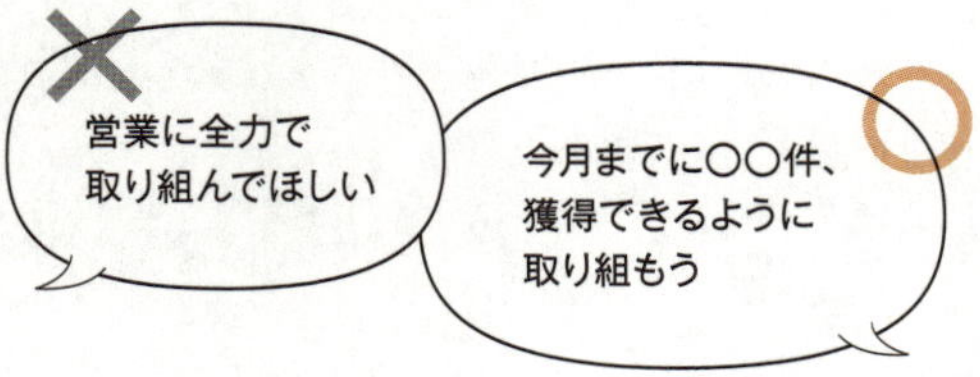

POINT 5 「4W2H」で伝える

「ぼかし表現」を避けるために、「4W2H」でメッセージを伝えるように習慣づけること。ビジネスの現場で営利の追求は自明のことなので、「5W1H」の「Why（なぜ）」は不要。また、手法・手段を明確にする必要があるため、「How（どのように）」を追加する。

例「4W2H」の例

Who	だれが	東京営業所の60名全員が
When	いつまでに	今期中に（第○期×月末まで）
Where	どこへ	未開拓の北部地域を中心に
What	何を	直接訪問の営業を行い
How much	どれくらい	50社以上の新規開拓を目指す
How	どのように	新規配属の人材3名を増員して

リーダーが実践する空気革命 ❷

対象 一部のメンバー

「ティーチング」で心に火をともす

チーム全体に向けてメッセージを発信しつつ、ティーチングも行いたい。
一部のメンバーを対象に「教えること」で空気を変える方法を紹介する。

「可燃人」に絞って考える

「場の空気」を変えるために、ティーチング（教えること）で意識を変革する必要がある。ただし、全員を対象にはできないので、右表の分類基準で「可燃人」を選び、狙いを定めよう。「可燃人」に火がつけば「自然人」も反応し、最終的には「不燃人」も巻き込んでチームを変革できる。

メンバーの分類基準

可燃人	教えたりきっかけを与えたりすれば、積極的な人材になれる人
自然人	場の空気が変われば、自然に適応して活躍してくれる人
不燃人	簡単に同調しない人。場が変わらなければ動かない人。

POINT 1 徹底的に「守」を教える

「守・破・離（しゅはり）」は、日本の古武道や、古典芸能などで受け継がれている言葉で、「能を確立した世阿弥の教え」とされているもの。一流の組織では、この「守」が徹底されている。リーダーのティーチングでは、前述の「可燃人」を対象に、仕事に対する姿勢、行動、心構えなどを「守」として徹底的に教えていく。

「守《しゅ》・破《は》・離《り》」の定義

- 守　基本を身につけるために「型」を実行する段階
- 破　基本をもとに工夫を施して発展する段階
- 離　型や教えから離れて独創的になる段階

POINT 2 「あるべき姿」を数字で語る

リーダーは「可燃人」に対して「あるべき姿」を教える必要がある。この場合の、「あるべき姿」とは、リーダーが考える合格点のこと。現状と「あるべき姿（合格点）」のギャップを具体的な数字で示しながら、ぼかし表現を使わずに「4W2H」でストレートに伝えよう。

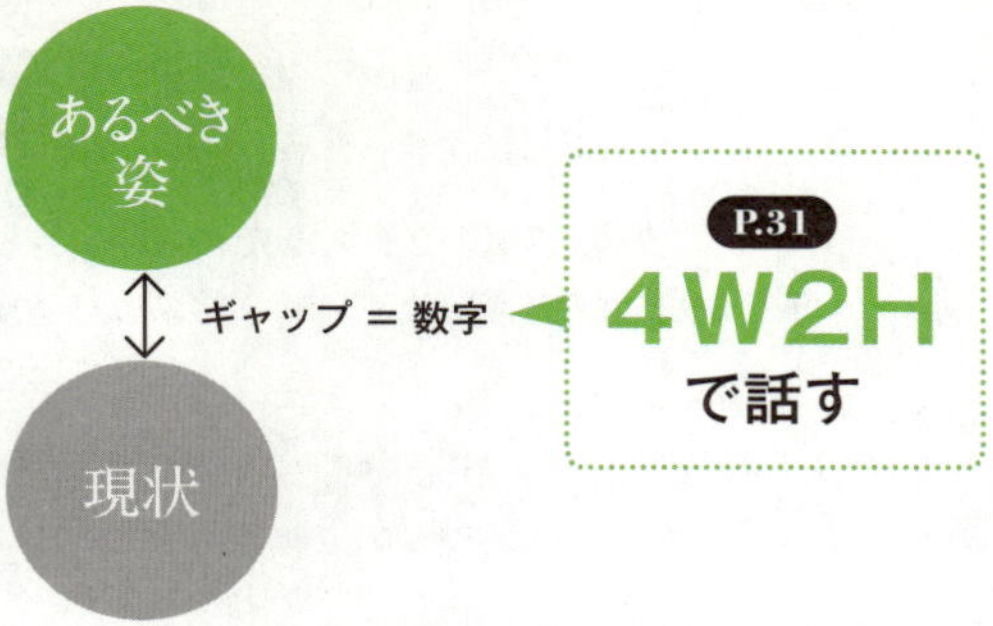

POINT 3 チームにおける役割を教える

チームにおける役割を教えることも大切だ。「何をするのが当たり前なのか？」と問いかけ、「チームの役割 ＝ 個人の役割」と説き、現状とのくい違いを指摘。「役割を果たすべき」と教える。厳しい指摘に対する葛藤はあるが、「可燃人」なら謙虚に受け止めてくれるはずだ。

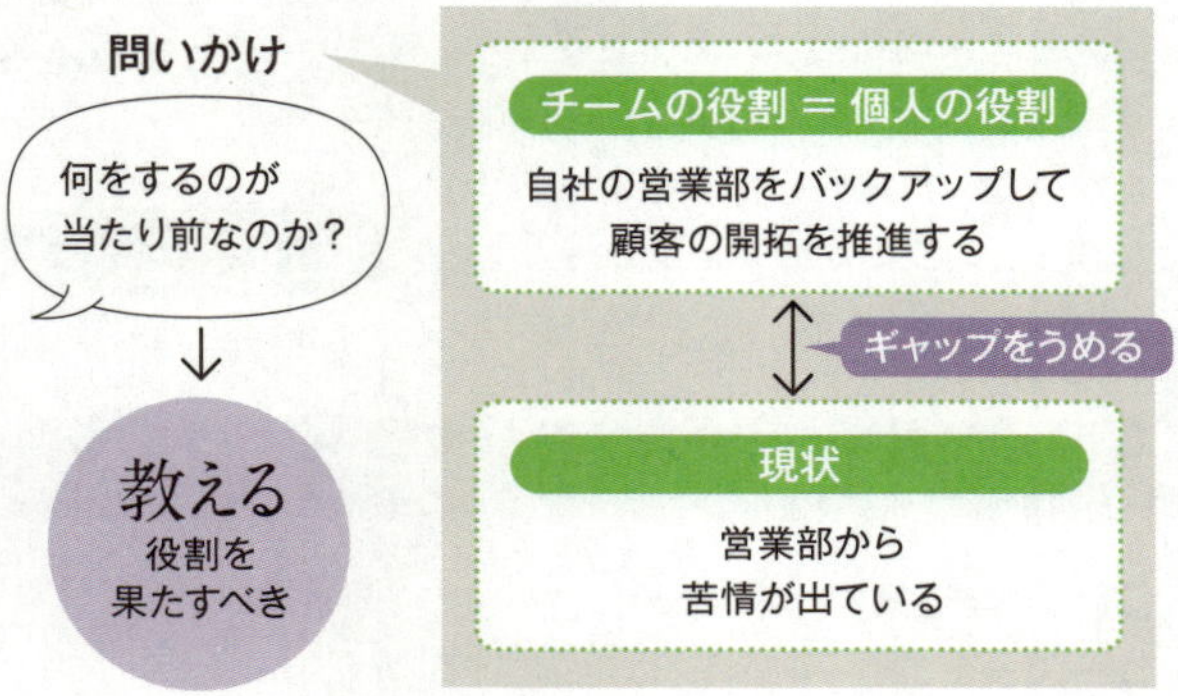

POINT 4 適度なストレスを与える

ストレスが悪い結果を生むとはかぎらない。適度なストレスがパフォーマンスをアップさせることも証明されている（ヤーキーズ・ドットソンの法則）。チームが「締まった空気」に近い状態なら、厳しい指摘によるストレスが中和され、同調できるようになる。

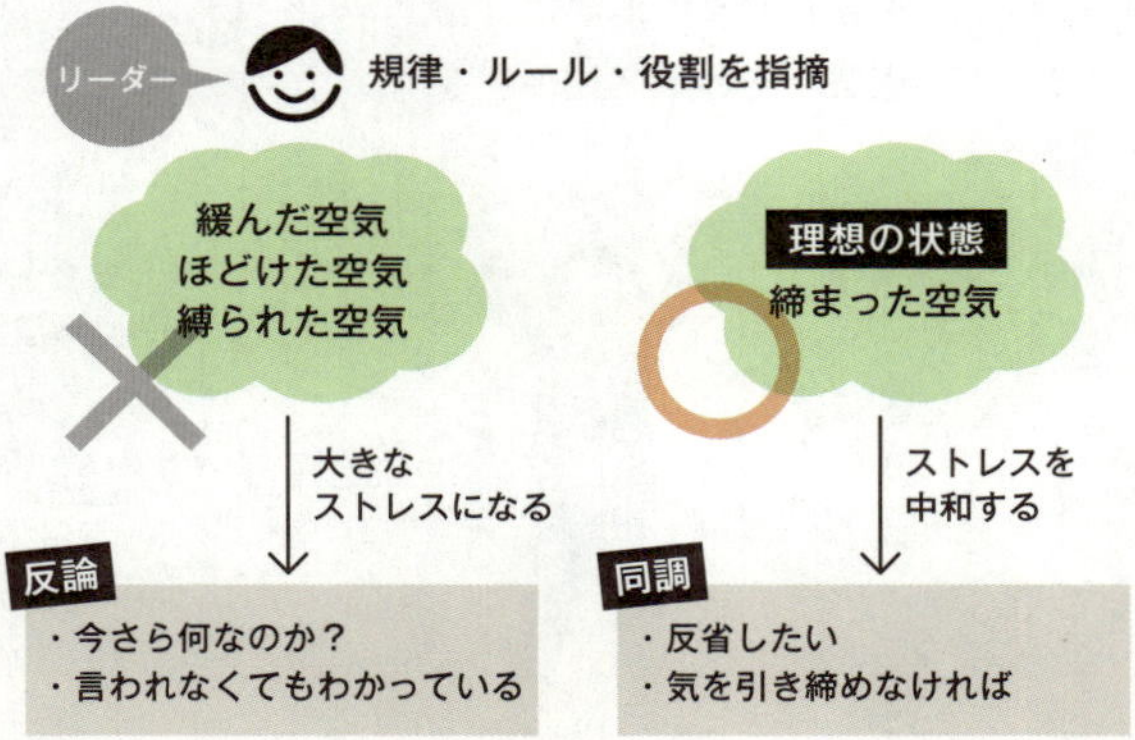

対象 チーム全員

「正しい承認」をする

「場の空気」を変えるためには、正しくほめることも大切だ。
正しいほめ方を実践しつつ、「締まった空気」を体験させる工夫をしよう。

POINT 1 「あるべき姿」に近づいた人をほめる

メンバーをほめるときは、正当な理由をベースにしよう。組織にとって正しい行動をした人を認めてほめれば、空気は緩まない。基準は現状を「あるべき姿(P.33)」に近づける行動をしたかどうか。具体的には右のようなタイミングでほめるとよい。

例
- □ 特定の水準まで達した
- □ 特定の期間、行動し続けた
- □ 一定期間、プロジェクトを順調に進めた
- □ 中間目標を達成した

正当に評価する　ほめる

POINT 2 「締まった空気」を味わってもらう

「締まった空気」を知るために、ときには一流ホテルや一流ホテルに出かけることもよい経験になる。「締まった空気」をつくるスタッフに接することで、メンバーも自然に感化され、影響を受ける。一流のチームが働く現場にメンバーを送り、空気が変わるスピードを加速させよう。

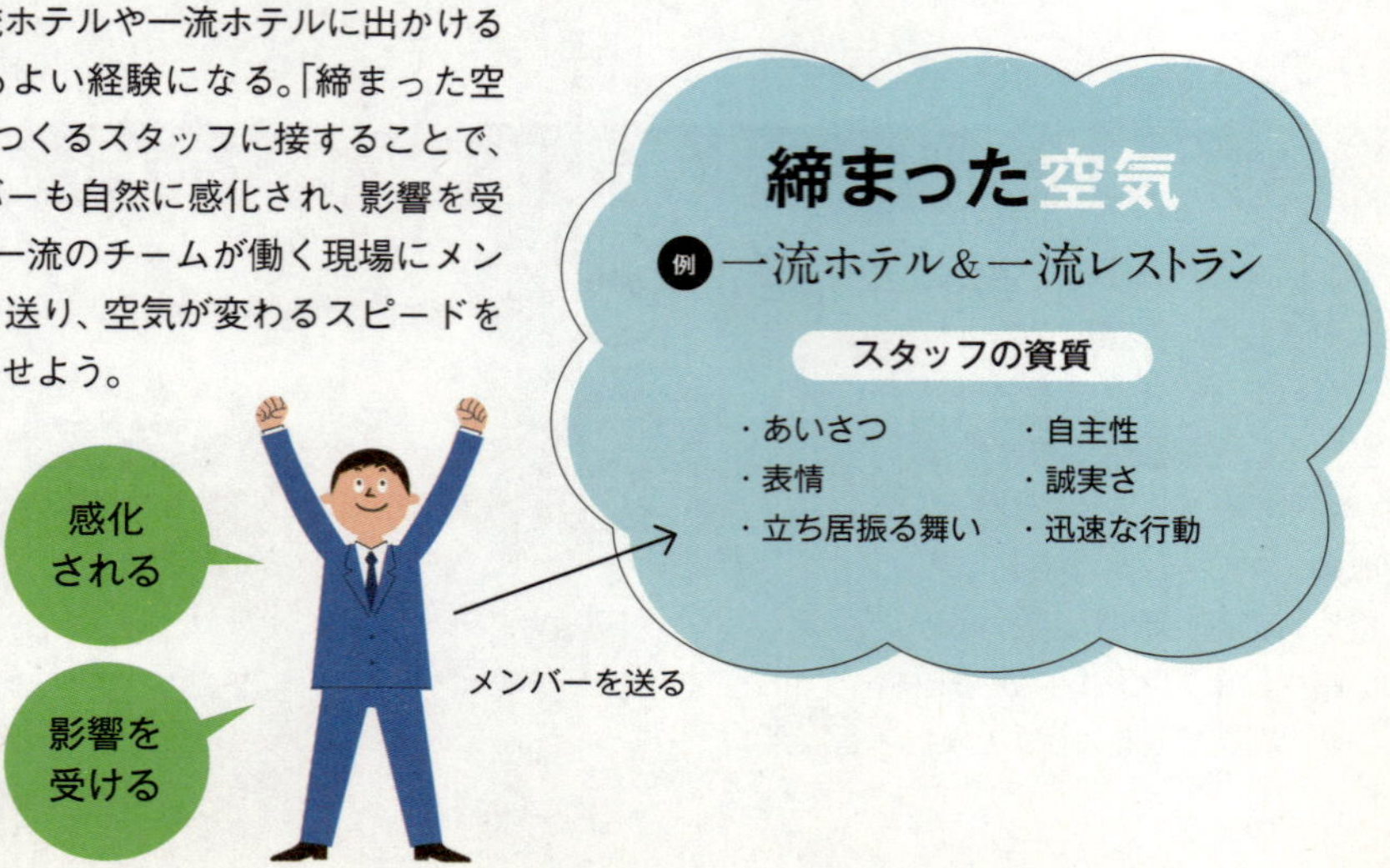
感化される
影響を受ける
メンバーを送る
締まった空気
例 一流ホテル＆一流レストラン
スタッフの資質
・あいさつ
・表情
・立ち居振る舞い
・自主性
・誠実さ
・迅速な行動

語彙力

大人の品格が備わる
言葉の使い方・増やし方

2
語彙力

大人の品格が備わる 言葉の使い方・増やし方

PROFILE

大東文化大学文学部中国学科准教授。博士（中国学）。チェコ音楽コンクール顧問。長崎県立佐世保北高等学校、大東文化大学文学部卒業後、同大学院、フランス国立高等研究院人文科学研究所大学院に学ぶ。ケンブリッジ大学東洋学部共同研究員などを経て、現職。メディア出演や講演会で活躍中。著書も多数。

教えてくれたのは

文献学・書誌学の専門家

山口謠司さん

Youji Yamaguchi

ビジネスパーソンは言葉の使い方や選び方で能力を判断される。豊富な語彙を身につける方法を実践して、「言葉の力」を底上げしよう。

“語彙のレベルを上げるだけで信頼される大人になれる”

自分の言葉で表現すれば言葉を使う喜びを味わえる

本が読まれなくなり、「社会人の語彙が足りない」という声も聞こえてくる。この状況について、大学で日々学生たちと接している山口准教授は「本人の勉強不足と斬り捨てることはできない」と指摘する。

「インターネットに氾濫する膨大な情報に押し流されてしまうため、『じっくり時間をかけて深く考える経験』が減っているのではないでしょうか。学生も社会人も忙しすぎるのだと思います」

しかし、忙しい中でも語彙力を向上させる方法はあるという。

「『文章力がない』『言葉のセンスがない』とあきらめてしまう人もいますが、言葉を正しく理解し、どのような状況で使うべきかを学ぶことは、決して難しいことではありません」

大切なのは、知らない言葉に出会う機会をたくさんつくるこ

語彙力

言葉の力による成果

1 コミュニケーションが円滑になる

2 上司や取引先の人に信頼される

3 プレゼンや会議で高い評価を得られる

4 魅力的な表現で人を動かせるようになる

5 言葉を使う喜びで人生が豊かになる

と。さらに、知っている言葉に対しても新鮮な気持ちで向き合うことだという。

「言葉は人をつくります。美しい風景、すばらしい芸術作品を自分の言葉で表現できれば、言葉を使う喜びを実感できます」

正当な評価を得るために語彙力を上げよう

社会人の場合、語彙力が社会的な評価に直接結びつくことを忘れてはならない。

「どんなに能力が高くても、稚拙な表現しかできない人の評価は上がりません。地位が高い人は年齢も高いことが多いため、語彙力が伴わなければ認めてもらえないのです」

大人には大人の表現があり、それを知れば、社会人としての品格が身につく。また、語彙力を上げれば人を動かすこともできるようになるのだという。

「適切な表現や繊細な言葉遣いができる人は、言葉で人を動かしてリーダーシップを発揮できます。社会人として正当な評価を得るために、語彙力を上げてください」

山口さんの著書

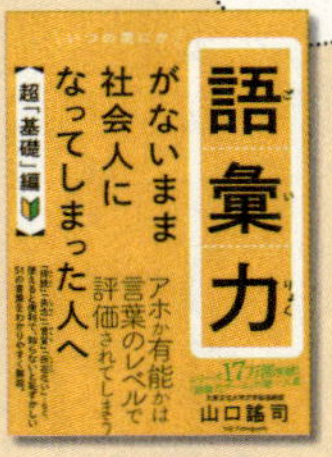

語彙力がないまま社会人になってしまった人へ超「基礎」編
ワニブックス／1,512円

社会人にふさわしい言葉遣いに必要な51の言葉を精選。語源、成り立ち、歴史も交えた解説が好奇心を刺激するので、記憶に定着する。

【語彙力を高めるメソッド】

使える言葉をどんどん増やすコツ

使える言葉の数を増やし、質を高めるコツを紹介する。
5つのコツを実践して、理解力と表現力を同時に高めよう。

❶朝と夜に「1分音読」を実行する

音読で脳を活性化させれば言葉の質と量が上がる

語彙力をつけたいときは、黙読よりも音読のほうが効果的だ。山口さんが推奨する「1分音読」を実践すれば、驚くほど語彙力がつく。この音読では、短く簡潔な文章を選ぶこと。新聞のコラム欄や小説の一節、詩歌などから選択しよう。朝に1分間、夜に復習としてもう1分間読む。浴室やベッドで読んでもかまわない。

「1分音読」の初心者用サンプルは ▶ P.40

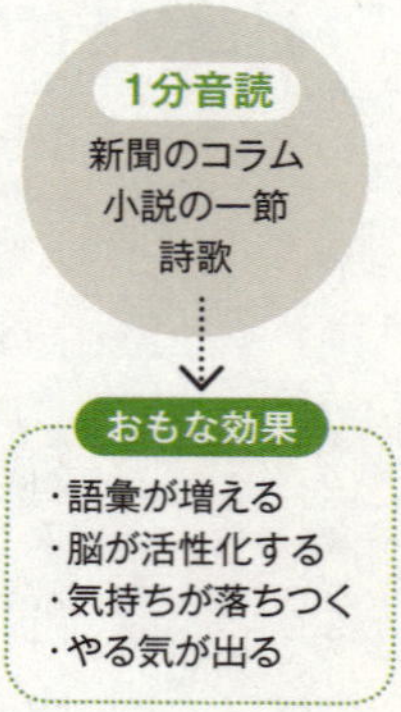
1分音読
新聞のコラム
小説の一節
詩歌
おもな効果
・語彙が増える
・脳が活性化する
・気持ちが落ちつく
・やる気が出る

❷工具書と電子書籍を常備する

辞典や辞書を備えれば信頼できる情報をストックできる

「工具書」は、辞典辞書、目録、地図など専門用語がまとめられている資料の総称。ネット検索も有益だが、より信頼性の高い本を備えておきたい。また、「電子書籍」も便利なツール。単語の意味を辞書機能で確認できるので、語彙力の向上に役立つ。

工具書
辞典
辞書
目録
地図
＋
電子書籍
調べる

昔の雑誌・新聞を読む

読みにくいものを読めば「知らない言葉」に出会える

ネットで検索すれば、昔の雑誌や新聞の記事を閲覧できる。自分が生まれた当時の記事や小中学校時代の記事を読み返してみよう。未知の言葉に出会えると同時に、言葉の移り変わりや流行りすたりを実感できる。

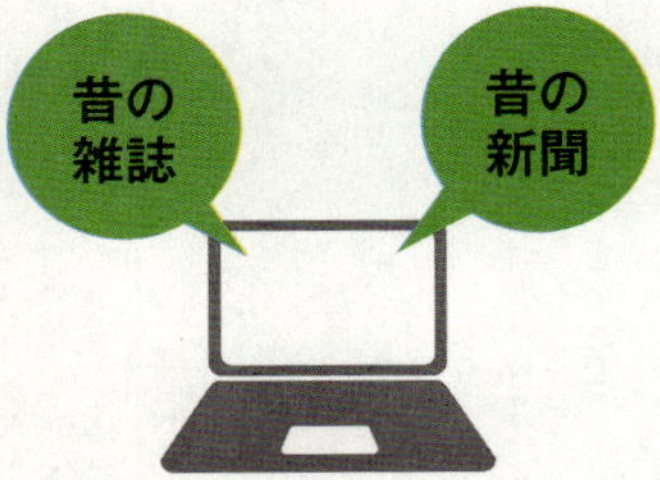

スライドショー機能をフル活用

パソコンに「単語と意味」を入れくり返し再生して覚える

未知の言葉を覚えるときは、パソコンのプレゼン用ソフト（PowerPoint、Keynoteなど）を活用しよう。ソフトに言葉の意味や活用例を入力してスライドショーを作成。くり返し再生すれば、自然に頭の中に入る。

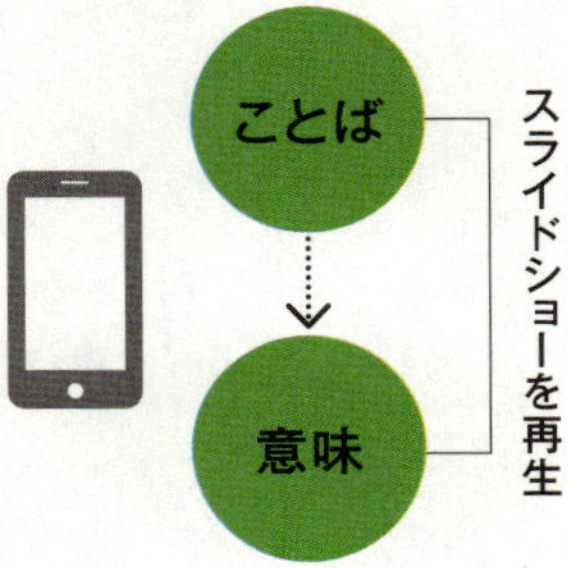

5回まで待って調べる

未知の言葉はスルーして5回出会ってから調べる

未知の言葉と出会ったときに、その場で調べるのは非効率的。そのつど調べるのはやめて、5回目までは放置する。その代わりに5回目には必ず調べること。そのあと、意識して自分の言葉として5回使う。「5回目に調べて5回使う」を実行しよう。

写生文を40字で書く

目の前にある現実・事実を「写生文」にまとめる

「写生文」とは、目に見えることをそのまま文にしたもの。この「写生文」を応用して、頭の中にある思考を40字以内で書き出してみよう。40字に要約するためには、豊富な語彙が必要。短くまとめるために言葉を探る過程が語彙力の向上に結びつく。

声に出して読むだけで**語彙力**が高まる！

「1分音読」初心者用サンプル

1分を目安に音読できる古典的な名作を2つ紹介する。
朝と夜の「1分音読」習慣をこの作品からスタートさせよう。

「七音＋五音」のリズムを楽しめる

初恋《はつこい》

島崎藤村《しまざきとうそん》

まだあげ初《そ》めし※1前髪《まえがみ》の
林檎《りんご》のもとに見《み》えしとき
前《まえ》にさしたる花櫛《はなぐし》※2の
花《はな》ある君《きみ》と思《おも》ひけり

やさしく白《しろ》き手《て》をのべて
林檎《りんご》をわれにあたへ《え》しは
薄紅《うすくれない》の秋《あき》の実《み》に
人《ひと》こひ《い》初《そ》めしはじめなり

わがこゝ《こ》ろなきためいきの
その髪《かみ》の毛《け》にかゝ《か》るとき
たのしき恋《こい》の盃《さかずき》を
君《きみ》が情《なさけ》に酌《く》みしかな※3

林檎畑《りんごばたけ》の樹《こ》の下《した》に
おのづからなる※4細道《ほそみち》は
誰《た》が踏《ふ》みそめしかたみぞと※5
問《と》ひ《い》たま《も》ふ《う》こそこひ《い》しけれ※6

解説

一行が「七音」と「五音」構成されている文語定型詩（古い仮名遣いで書かれた音数の決まった詩）。日本的な調べを耳で確かめながら、詩に込められたせつない気持ちを想像しながら読もう。

※1：日本髪を結い始めたばかりの前髪。12歳、13歳の少女のころ。
※2：造花で飾った挿し櫛のこと。
※3：「君のおかげで恋のすばらしさを知ることができた」の意。
※4：「自然にできた」の意。
※5：いったい誰が踏み固めたのだろうと。
※6：「わかっていながら訊くなんて、本当に恋しく思われて仕方がない」という意味。

格調のある音の響きが魅力

小景異情《しょうけいいじょう》

室生犀星《むろうさいせい》

その一

白魚《しろうお》はさびしや
そのくろき瞳《ひとみ》はなんといふ《う》
なんといふ《う》しほらしさぞよ
そとにひる餉《げ》をしたたむる※1
わがよそよそしさと
かなしさと
ききともななや※2雀《すずめ》しば※3啼《な》けり

その二

ふるさとは遠《とお》きにありて思《おも》ふ《う》もの
そして悲《かな》しくうたふ《う》もの
よしや※4
うらぶれて異土《いど》※5の乞食《かたい》となるとても
帰《かえ》るところにあるまじや
ひとり都《みやこ》のゆふ《う》ぐれに
ふるさとおもひ《い》涙《なみだ》ぐむ
そのこころもて※6
遠《とお》きみやこにかへ《え》らばや※7
遠《とお》きみやこにかへ《え》らばや

解説

わかりにくい用語が多いが、音に出して読めばリズミカルで心地よい。「その二」で作者は、現在「ふるさと」にいて、「遠い都に帰ってしまおう」と書いている。単に故郷を懐かしむ詩ではない。

語彙力

※1：「外食でお昼を食べる」の意。
※2：「聞きたくもないなあ」の意。
※3：「しきりに」「たくさん」という言葉。
※4：「もし」「たとえ」の意。
※5：「他郷で」「ほかの土地で」との意。
※6：そんな気持ちで。
※7：遠い都に帰ってしまおう。

出典：◆初恋（『若菜集』より）…島崎藤村／『藤村詩集』／新潮社　◆小景異情（『抒情小曲集』より）…室生犀星／『抒情小曲集・愛の詩集』／講談社

ビジネスの現場で求められる!

社会人の会話に必要な語彙5

ビジネスシーンで使われる頻度が高い語彙を紹介する。

1 人の名前をど忘れしてしまったときは……

失《しつ》念《ねん》

【用例】お名前を失念してしまいました。

【意味】記憶が引き出せないさまを表す

ここに注意

「念」は心の中に押し込めているさまを表す。そのため、「失念」は押し込めていたものを忘れてしまったときにのみ使える言葉。うろ覚えのことを忘れたときには使えない。

その昔は呉音読みで「しちねん」と読まれていたが、現在は、一般的に漢音読みで「しつねん」と読む。「失念」とは、本当はよくわかっていることを、ど忘れしてしまったときに使う言葉。取引先の人の名前など、大切なことをど忘れしたときにこの言い回しを使えば、「本当は覚えていたのに」というニュアンスを表現できる。

2 ビジネスでシビアな交渉をするときに……

言《げん》質《ち》

【用例】クライアントの言質はとりました。

【意味】証拠となるような約束の言葉

ここに注意

「質」の字は、生来の性質を表す場合は「しつ」と読み、それ相当の価値を有していることを表す場合は「ち」と読む。「げんしつ」と読むのは間違いなので注意したい。

「言質」とは言葉の人質。交渉ごとや商談など、駆け引きが必要な場面で、のちに証拠となる約束の言葉を引き出すことを「言質をとる」という。ビジネスシーンにおいて言質をとることは大切だが、交渉の相手に「言質をとりました」と告げるのはとても失礼。挑戦的な言動と受け取られてしまうので、その場では控えたい。

3 企画やアイデアが没になりそうなときに……

代《だい》替《たい》

【用例】できるだけ早めに**代替**案を出しておいてください。

【意味】ほかのもので代えることを表す

「代替」を「しろがえ」と読むと、「品物を金銭に換える」または「物々交換」の意。「だいがわり」は「世代交代」または「相場が値上がりして円の位が変わること」を表す。「だいたい」「だいかえ」は「ほかのもので代用する」という意味で、ビジネスの現場では「だいたい」と読む。

ここに注意

代替は「だいたい」だが、「A 君の代替（だいたい）しておいて」など、「だいたい ＝ 大体」と誤解されそうなときは、「だいかえ」と発音する。

4 言いづらいことを切り出すときは……

語《ご》弊《へい》

【用例】もしかすると、**語弊**があるかもしれませんが〜

【意味】間違っている、または誤解を招き、問題になりかねない言い方

「語弊」は本来、「古びてボロボロの使いものにならない言葉」という意味。言いづらいことを言うときに、「語弊があるかもしれませんが」と前置きしておけば、「自分の言葉には至らない表現があると思いますが、ご容赦ください」という気持ちを伝えられる。

ここに注意

「語弊を恐れずに言えば〜」は「誤解を恐れずに言えば〜」の誤用。この「誤解を恐れずに〜」も傲慢に聞こえるので避けたほうが無難だ。

5 公正な判断をすることを宣言したいときに……

是《ぜ》々《ぜ》非《ひ》々《ひ》

【用例】今後も**是々非々**で対応していきます。

【意味】「正しければ賛成、よくなければ反対」という判断を下すこと

政治の現場でよく使われる表現。「是」は「正しいこと」を、「非」は「よくないこと」を意味する。中国の紀元前250年ごろの哲学者・荀子（じゅんし）の言葉が起源。荀子は民衆を統治する者は「何がよいことで、何が悪いことかを明確に示すことが大切である」と説いた。

ここに注意

中立性を示したいときに使う。「是々非々で対応する」「是々非々の態度でのぞむ」「是々非々の立場をとる」などの言い回しがある。

スマートに気持ちを伝えたいときに！

感情を込める大人の語彙 5

言葉に気持ちを込めたいときに使う表現を覚えよう。

① 「素直に反省して改善したい」と伝えるときに……

真《しん》摯《し》

【用例】厳しいご批判を真摯に受け止めます。

【意味】素直な心で、しかも意欲を持ってことに当たること

ここに注意

「誠実に取り組む」は気持ちに応えることを、「忠実に取り組む」は指令に従うことを重視する場合に使う。「真摯に取り組む」は「真面目に懸命に取り組む」という意味になる。

「真（眞）」は、身体と心を清めた神官の神に対する真心を示す言葉。「摯」は、強い気持ちで儀式や行政などを行うことを示す言葉。２つが結びつき、「素直な心で意欲を持ってことに当たる」という意味になる。「批判を真摯に受け止める」とは、「素直な心で批判を受け止め、積極的に改善に取り込むこと」を約束する言葉だ。

② 恥ずかしい、本意ではないと感じるときは……

忸《じく》怩《じ》

【用例】お断りしなければならないのは忸怩たる思いです。

【意味】自分の行いについて心のうちで恥じ入るさま

ここに注意

「内心忸怩たる思いです」「忸怩たるものがあります」などと言う。ちなみに「慚愧（ざんき）に堪（たえ）えない」は、すでに終えたことを後悔して恥ずかしく思うことを表す表現。

「忸」も「怩」も「心がいじけている」「恥ずかしくなる」という意味を表す。自分の行いを恥じ入るときに使う言葉だが、そこから転じて、断るときの婉曲的な表現として使われるようになった。断ったあとに「申し訳ありません」と謝るよりも、「忸怩たる思いです」とつけ足したほうが、より丁寧な謝罪の言い回しになる。

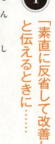

3 公の場で大役を任されてへりくだるときに……

僭《せん》越《えつ》

【用例】まことに**僭越**ではありますが、乾杯の音頭をとらせていただきます。

【意味】自分の立場や地位を超えた出すぎたふるまい

「僭越ですが～」「僭越ながら～」は「出すぎたことをして恐縮ですが～」という意味。乾杯の音頭の決まり文句だが、目上の人に対して意見を述べるときにも使う。「失礼を顧みず申し上げますと～」「差し出がましいようで恐縮ですが～」と言い換えてもいい。

ここに注意

「僭越ながら～」は周りが目下の人ばかりである場合はイヤミに聞こえてしまう。友人同士のカジュアルな場にもそぐわない表現だ。

4 任された仕事を「全力でやる」と宣言するときは……

粉《ふん》骨《こつ》砕《さい》身《しん》

【用例】**粉骨砕身**で取り組みます。

【意味】全力を尽くして必死に行うこと

読んで字のごとく、骨を粉にし、身を砕いて力のかぎり努力するさまを表す言葉。「身を粉（こ）にして働く」という表現もある。「がむしゃらに頑張ります」とも言い換えられるが、ビジネスの現場では「粉骨砕身で取り組みます」と言ったほうがスマートだ。

ここに注意

「粉骨砕身」は献身的な姿勢や決意を表明する表現なので、行動が伴わなければ不信感を与えてしまう。軽々しく口にするのは危険だ。

5 深く感謝する（謝罪する）ことを伝えるときに……

深《しん》謝《しゃ》する

【用例】並々ならぬご厚意に**深謝**いたします。

【意味】正心から深く感謝すること
または心から深く謝ること

「深謝する」には「深く心から謝る」と「深く心から感謝する」という二つの意味がある。「謝罪」と「お礼」の意を同時に込めたいときに使える言葉だ。「ご厚意に深謝いたします」という言い回しはビジネス文書やお礼状でも使えるので、覚えておくと便利だ。

ここに注意

「ありがとうございます」では不十分なときに使う表現。危機を救ってもらったときや、大きな過失を許してもらったときなどに使いたい。

公の場で目上の人に尊敬の意を伝える！

フォーマルな言い回し7

目上の人や社外の人に使う改まった言い回しを学ぼう。

1 クライアントに対する説明を終えたときは……

× おわかりでしょうか？

○ ご理解いただけたでしょうか？

「おわかりでしょうか？」では理解の達成度を確認することになり、ビジネスの場では不適切。一方「ご理解いただけた～」の「理解」には、「わかる」のほかに「合点する・納得する」の意があるため、より柔らかい表現となる。

2 転勤が決まった先輩を送り出すときに……

× がんばってください

○ ご活躍をお祈りいたします

「がんばる」には「高みから下にいる人の背中を押してあげる」というニュアンスが含まれるので、目上の人には使えない言葉だ。「ご活躍をお祈りいたします」「ご成功を祈念（きねん）いたします」などと言い換えよう。

3 お世話になった恩師に深い感謝の意を伝えるときは……

× とても感謝しています

○ 幾重《いくえ》にもお礼を申し上げます

目上の人に対して深い感謝の気持ちを表したいときは「幾重にもお礼を～」を使おう。「幾重にも」には「感謝の気持ちが心のひだに深く染み込むように感じる」というニュアンスが含まれているので、スマートな言い回しになる。

4 目上の人から依頼を受けるときに……

× 了解しました

○ **承知いたしました**

「了解」の「了」は、ものがねじれた形を表し、「垂れ下がる・もつれる」などの意味があるため、使わないほうが無難。目上の人には「承知いたしました」と返したい。

5 目上の人のふるまいを称賛するときは……

× 感心しました

○ **感銘《かんめい》を受けました**

「感心」という表現は、皮肉を込めて使われるケースもままあるので、目上の人には一段深い「感銘」を使う。「感銘」は「心にすばらしさが刻まれる」という意味だ。

6 言いそびれてしまったことを伝えるときに……

× 言い忘れていましたが

○ **申し遅れましたが**

「言い忘れていたが」はビジネスにそぐわない表現。「伝えようとしたが、きっかけを逃して今になってしまった」という意を込め、「申し遅れましたが～」と切り出す。

7 目上の人に食事やお酒に誘われたときは……

× ご一緒させてください

○ **ご相伴《しょうばん》させてください**

目上の人に対して「ご一緒させて～」と返すのは、ややつたない表現。大人なら「ご相伴させて～」と返したい。「相伴」は「親密な相手として行動をともにする」という意味。

口にするだけで一目置かれる！

ワンランク上を目指せる語彙5

一段上のレベルの語彙を身につけて評価を高めよう。

① 大人びたニュアンスを込め、つけたすときは……

あまつさえ

【用例】あまつさえ、雨が雪に変わって電車が遅れ始めました。

【意味】その上／驚いたことに

ここに注意

本来は「あまりさえ」の促音便である「あまっさえ」が正しいとする説がある。近世以降は表記上「あまつさえ」と書かれるようになり、「つ」を発声するようになったとされている。

「あまつさえ」は程度を表す副詞。「その上」「驚いたことに」などの意味があるので、適宜使い分けたい。ほかにも程度を表す副詞には「大変に・非常に」を表す「はなはだ」、「状態の変化がはっきり感じられるさま」を表す「めっきり」などがある。程度を表す副詞をスムーズに使えるようになれば、大人としての格が上がる。

② 品格のある表現で「その通り」と同意したいなら……

いみじくも

【用例】いみじくも、先ほど部長がおっしゃったとおりです。

【意味】とてもうまく／適切にも／巧みにも

ここに注意

「いみじくも、近所の公園でばったり会った」のような誤用が多い。「いみじくも」には「偶然にも」という意味はない。「奇しくも」と混同しないように注意したい。

「いみじくも」の形容詞「いみじ」は、「良くも悪くも程度がはなはだしいさま」を表す言葉。「とてもうまく」「適切にも」「巧みにも」のほかに、「まさに」「よくも」という意味がある。用例の「いみじくも、先ほど部長が～」の「いみじくも」は「まさに」の意。多様な意味をふまえ、サラリと言えるようになるまで練習しよう。

③ 敬意をこめつつ用件を承知したことを告げるなら……

拝《はい》承《しょう》する

【用例】配送先変更の件、**拝承**いたしました。

【意味】「承知する／聞く」の謙譲語

「拝」は左手と右手を合わせた形を表す漢字。そこには、大切なものを両手で受け止める様子をイメージさせてくれる。そこに「承る」の「承」をつけて、「拝承いたしました」とすれば、品格を感じさせる美しい表現に。「わかりました」の代わりに使いたい。

ここに注意

「拝読する」「拝見する」「拝聴する」などの言葉も積極的に取り入れたい。また、貴人に会うときは「拝謁（はいえつ）する」と表現する。

---

④ 丁寧に説明することを端的に表すなら……

縷《る》説《せつ》する

【用例】課長がその案件の問題点について**縷説**してくれました。

【意味】時間をかけて細部まで説明すること

何も省かず、丁寧に詳しく説明する話し方を「縷説する」と表現する。「縷」は「なよなよとしてどこまでも果てしなく続く糸」を表す言葉なので、「縷々（るる）とした話」は、「終わりのないくどい話」という否定的な意味になる。使うときは十分に注意したい。

ここに注意

「縷説する」は本来、親切な行動。ただし、ビジネスの場で「縷説には及ばない」と言われたら要注意。「要点だけ説明しろ」という意味だ。

---

⑤ 「風流な味わいがある」と伝えたいときに……

雅《が》致《ち》がある

【用例】**雅致**がある便せんと封筒を用意しました。

【意味】「詫び寂び」を感じさせる趣きや上品な風情が合致している様子

「雅（みやび）」は「上品なことや都会風で洗練されているもの」を表す言葉。詫び寂びのある趣や上品な風情を表すときにも使う。そこに「一致する」の「致」と合わせると、ただ風情があるだけではなく、互いの良さを引き立て合う状態を表現する言葉になる。

ここに注意

上品で美しい趣（おもむき）を感じさせる言葉をたくさん覚えよう。「雅趣」「風雅」「優美」「典雅」などの語彙を増やしておきたい。

プレゼンや商談でよく耳にする!

知らないと恥をかくカタカナ語8

ビジネスの場で頻度の高いカタカナ語もチェックしておこう。

スキーム [scheme]

英語にはさまざまな意味があるが、カタカナ語の場合は「枠組みをきちんとつくった計画」という意味で使われる。事業計画を表す「事業スキーム」、課金の仕組みを指す「課金スキーム」など、ほかの用語と組み合わせて使う場合もある。

デフォルト [default]

パソコン用語では「初期設定」を指す言葉だが、ここから転じて「定番」「普通」を指す場合がある(「デフォ」と省略される場合もあり)。また、金融用語では「債務不履行」を指す言葉。どんな意味で使われているかを、文脈から判断しよう。

プライオリティ [priority]

「優先事項」または「優先すべきこと」を指す言葉。「プライオリティを考えたい」「プライオリティの高いものから着手しよう」などの言い回しを使う。また、重要事項の中で最優先すべき事項は「トッププライオリティ」と呼ばれている。

コンセンサス [consensus]

「複数による合意」を指す言葉。ビジネスでは、全員一致の賛同ではなく、おおよそ大多数の合意が得られれば「コンセンサスを得た」とする場合が多い。「あの部署のコンセンサスを取ろう」などと、根回しをするときに使われることもある。

フレキシブル [flexible]

「flexible」は「ものが曲げやすい」「しなやかに動かせる」という意味の形容詞。カタカナ語では「臨機応変に」「柔軟な姿勢で」などの意味で使われることが多い。「フレキシブルな対応する」「フレキシブルに変える」などの言い回しが使われる。

マイルストーン [milestone]

紀元前のローマ帝国における「1マイルごとに置かれた標識用の石」が語源。転じて「到達したい場所への標識」という意味で使われている。「マイルストーンを設ける」とは、進捗を管理するためにチェックポイントを用意することを意味する。

コンプライアンス [compliance]

企業が法令や社内規定、企業倫理などを守ることを指す言葉。日本では、ほとんどの場合、「法令遵守」の意味で使われる。「不透明な取引はコンプライアンス上問題となる」「コンプライアンス対策が急務だ」などの言い回しで使われる。

セグメンテーション [segmentation]

マーケティングの用語。顧客の性質やニーズを読み解き、それをもとに小さなかたまり(セグメント)に分けることを指す。ひと言で表現すれば「市場細分化」。特定のセグメントに狙いを絞り、集中的にマーケティングを展開するために行う。

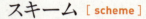

伝達術

相手を怒らせない「ほどよい主張」のワザ

相手を怒らせない「ほどよい主張」のワザ

PROFILE
一橋大学社会学部卒業。社会福祉の資格を取得後、イギリスの精神医療団体にソーシャルワーカーとして勤務。その後、アサーティブの第一人者、アン・ディクソンのもとで研修を受け、アサーティブ・トレーナーの資格を取得。帰国後、NPO 法人アサーティブ・ジャパンを立ち上げる（現・代表理事）。全国各地で多数の講演・研修を行っている。

教えてくれたのは
アサーティブ・トレーナー
森田汐生さん
Shiomu Morita

コミュニケーション・スキルは直接仕事の評価や成否に結びつく。
相手との関係を壊さず「必要なこと」を主張する能力を身につけよう。

“互いの対等な立場を認め合えば問題を一緒に解決できる”

アサーティブな表現がよりよい人間関係を生む

ビジネスで起こる問題の多くはコミュニケーション不足によるものと言われる。主張ばかりでは周囲に敬遠されるし、主張しなければストレスをため込む……このジレンマから逃れるにはどうすればよいのだろうか。

「自分の性格とコミュニケーションの問題を切り離して考えましょう。引っ込み思案でも、社交性が高くなくても、伝えたいことを適切に伝えるスキルを磨けば、よい人間関係を築けます」と森田さん。

この「スキル」は、考える視点を変えたり、トレーニングをしたりすることで、だれでも習得できるものなのだという。

「自分も相手も大切にしつつ、自分の感情や要求を率直に、誠実に伝えるための技術が『アサーティブ（詳細はP.60）』です。アサーティブを身につければ、早めに自分の気持ちを適切に伝えたり、言いづらいことを率直

アサーティブな表現
（適切な自己主張）

↓

「Win・Win」のハッピーな関係になる

お互いに納得できる解決策が見つかる

お互いに信頼できる

に伝えたりできます」

社会的な立場や年齢が異なっていても、自分の状況・考え・気持ちを率直に伝えたほうが、信頼関係を築けるという。

コミュニケーションのパターンを自覚しよう

それでは、アサーティブな表現を身につけるために、どうすればよいのだろうか。

「人には慣れ親しんだ『コミュニケーションのパターン』があります。ふだん心の奥に潜んでいても、困った状況に陥ると、そのパターンが現れます。まずは自分の傾向を自覚し、アサーティブな表現との違いを理解してください」

アサーティブに意見を伝え、お互いの共通の問題として一緒に考える姿勢を示すことで、新たな解決策が見つかる。そして、「Win・Win」の関係が築けるのだという。

次ページの「自己診断テスト」の問いに答え、コミュニケーションの傾向をつかむことからはじめよう。

森田さんの著書

心が軽くなる！気持ちのいい伝え方
主婦の友社／1,512円

「感情の扱い方」「話の整理法」「対等な関係を築く方法」など、円滑なコミュニケーションに役立つアサーティブなスキルを磨くための本。

あなたのコミュニケーションはどのタイプ？

返し方でわかる！ 自己診断テスト

あなたのコミュニケーションのパターンがわかるテストに挑戦。
ふだんの「返し方」にもっとも近いものを1つ選んでください。

Q1

電車で隣の人が音楽を聴いている。
シャカシャカと音が漏れて耳ざわりだが、
本人はまったく気づいていない。
そんなとき、あなたは……？

1. 「すみません。少し音を小さくしてもらえますか」と話しかける
2. 思い切りイヤな顔をして、相手をにらみつける
3. 「運が悪かった」とあきらめて、やりすごす。または、移動する
4. 「ここは公共の場所ですよ!」とはっきり注意する

Q2

部下に「やっておいてほしい」と
仕事を頼んで外出したが、
帰社してみたら、何もできていない。
カチンときた、あなたは……？

1. 全身から「怒りのオーラ」を出して、相手の反省を促す
2. 自分の「困る事情」を伝えたうえで、
何をしてほしいか、具体的に提案する
3. 「なぜ、やってないのか」「すぐにやれ」と怒る。
そして、すぐにやってもらう
4. 「部下に頼んだ自分が悪かった」と反省。自分でやる

Q3

先輩が明らかに「忙しモード」全開で働いている。
手元には、急いで目を通してもらいたい資料がある。
そんなとき、あなたは……？

1. 「お忙しいところ申しわけありませんが、資料に目を通してください」と勇気を出して頼む
2. 「今はやめておこう」と考え、要件をあと回しにする
3. 「忙しいですよね」と言いつつ、視界に入るようにうろつき、「どうしたの?」と声をかけてもらうのを待つ
4. 「忙しいかどうかは関係ない」と考え、「とにかくお願いします!」とはっきり頼む

Q4

これまで何度も、後輩がミスを続けている。
「何がわからない?」と聞き、注意を促してきたが、
そろそろガマンも限界。そんな人に、あなたは……？

1. 「もうダメだ」とあきらめ、不運を嘆く
2. キレて「いいかげんにしろ!」と怒鳴る
3. 「このままではマズいよ」と伝え、具体的に変更点を提案する
4. これまでのミスを例にあげて「がっかりした」と冷静に説教し、「迷惑をかけていること」を認めさせる

Q5

「ダメだよ、こんな報告書じゃ」と上司に完全に否定された。
力作と考えていただけにショックは大きい。
そんな上司に対して、あなたは……？

1. 「なぜですか?」と上司に詰め寄る
2. 「やはり、自分はダメだ」と心の中でつぶやいて嘆く
3. 「そうですか、どんな点がダメか、具体的に教えてください」と質問する
4. この上司に反論してもムダだと考え、あとから聞こえよがしにグチる

◀ テストの結果は次のページ

自己診断テストの結果

**自分が回答した番号に○をつけて、数を集計しましょう。
いちばん○がついた数が多い項目が、あなたのコミュニケーションのパターンです。**

Q1	4	3	2	1
Q2	3	4	1	2
Q3	4	2	3	1
Q4	2	1	4	3
Q5	1	2	4	3
○の数				

TYPE A おこりキャラ（攻撃的）

TYPE B ひるみキャラ（受身的）

TYPE C いやみキャラ（作為的）

TYPE D アサーティブ（ほどよい主張タイプ）

解説は
次のページから

典型的な3つのパターンとは?

コミュニケーションには一定のパターンがあり、ふだんは心の中に潜んでいても、困った状況に陥ったときなどに態度や発言に表れてしまう。このパターンは大まかに3つに分類できる。もっともバランスよく適切なコミュニケーションをとれるのが「アサーティブ」だ。

TYPE A おこりキャラ（攻撃的）

自分は間違いない！ 相手より優位に立ちたい！

対立しそうな場面で、相手との関係よりも自分が望む結果を優先してしまうのがこのパターン。「自分が正しく、相手が間違っている」と考え、攻撃的になって優位に立とうとする。

このパターンの特徴

対立場面での行動

- 一方的に理詰めで追い詰める
- 高圧的な態度で話を聞かない

周囲の人の反応

- 自分の身を守ろうとする
- 反発する、敵意が生まれる

場の状況

- 報告、相談が上がりにくくなる
- 社内の雰囲気がギスギスする

こうすればGOOD!

自分の気持ちと向き合い、感情をコントロールする

人間関係を「勝ち負け」で考えないようにすること。ときには爆発して発散することも必要だが、毎回爆発してしまうのは考えもの。自分の気持ちに向かい合い、感情をコントロールしつつ、「責めないで伝えるコツ」を冷静に実践できるようになろう。

責めないで伝えるコツ ▶ P.64

イラスト：なのなのな

TYPE

B

ひるみキャラ（受身的）

対立したくない！自分がガマンすればいい！

相手の気持ちを考え、関係悪化を恐れ、自分の気持ちを伝えられなくなるパターン。相手に強く出られると引いてしまう、気が進まない誘いを断れないなどの行動をとってしまう。

このパターンの特徴

対立場面での行動

- はっきり言わない（遠慮がち）
- 遠まわしな表現をする
- ストレスをためて、キレる

周囲の人の反応

- あいまいな態度にイライラする
- 意見が出ないので心配になる

場の状況

- 解決すべき問題が放置される
- チームに大きなダメージを与える

こうすればGOOD!

自分の意見を言える人、「ノー」を言える人になる

相手の態度に振り回されがちなので、心に不満がたまり、ある日突然キレる……という結果に。恨んだり責めたりする気持ちをためるのは不健康。要望や気持ちをはっきり口に出すようにしたい。相手の誘いに対して上手に「ノー」を言うコツも覚えよう。

上手に「ノー」を言うコツ ▶ P.65

TYPE C

いやみキャラ（作為的）

対立はイヤだが腹が立つ！思い知らせたい！

言いたいことを言わずに態度や間接的な雰囲気で伝えようとするパターン。第3者を介して相手をコントロールしたいという欲求がある。皮肉やイヤミ、陰口などが好き。

このパターンの特徴

対立場面での行動

- ロコツな態度で不満を表す
- 罪悪感を持たせて相手を動かす
- 第3者を巻き込もうとする

周囲の人の反応

- 不快な気分になる
- 「信頼できない」と感じる

場の状況

- 「つきあいづらい人」として扱われる
- チームワークが生まれにくくなる

こうすればGOOD!

ポジティブな事実に対して素直にほめてみよう

「相手に罪悪感を抱かせて思い通りに動かそう」とするので、周囲との関係が冷えてしまうので要注意。まずは、相手のほめ言葉に素直に反応するように心がけてみよう。また、相手の存在や行動を素直に認め、ポジティブな感情を伝えるコツも身につけたい。

ポジティブな感情を伝えるコツ ▶ P.66

「アサーティブ」は
4つめの
新たな選択肢
さわやか〜

TYPE
D アサーティブ（ほどよい主張タイプ）

自分中心でも相手中心でもないのがアサーティブな態度

ほかの3つのパターンは、コミュニケーションへの表れ方がまったく違うが、視点の中心が「自分」であることに変わりはない。アサーティブな態度とは、目の前の問題を解決するために、対等な立場で誠実にふるまうというもの。視点が「自分」ではなく、「問題解決」に向かっている点に違いがある。

「アサーティブ」とは？

自分の要求や意見を相手の権利を侵害することなく、誠実に、率直に、対等に表現するコミュニケーションのスキル。アサーティブ・トレーニングは1950年代の心理学からスタートし、現在は欧米を中心にマネージメントの場面で取り入れられている。日本でも、企業の社員研修や、ハラスメント防止などのテーマで広く活用されている。

このタイプの特徴

対立場面での行動

- 相手の意見や状況を聞く
- 具体的な解決策を提案する

周囲の人の反応

- 自分を理解しようとしてくれている
- 「協力しよう」という気持ちになる

場の状況

- 信頼感が生まれ、前向きになれる
- お互いを尊重し合えるようになる

アサーティブを支える4つの柱とは？

アサーティブはどんな考え方に基づいているのだろうか。
具体的な心の在り方を示す「4つの柱」について学ぼう。

1 誠実であること

自分に誠実であれば 相手にも誠実になれる

自分に対して誠実であること。心の中にあるイヤな気持ちや否定的な気持ちを正直に受け止めなることが大切だ。自分をだましていると言葉と行動が一致しなくなるため、相手に対して誠実にはなれない。自分の気持ちを正直に受け止めてから、相手に向き合おう。

2 率直であること

本当に伝えたいことを 伝わりやすい表現で話す

相手に否定的な意見を伝えるときに、あいまいな表現になるのは「嫌われたくない」という心理が働くから。まずは、どう思われるかを気にせず、「私」を主語にして率直に伝えてみよう。そのあとに、「私たち」の問題として一緒に解決する方法を提案すればいい。

3 対等であること

お互いの立場を尊重し 満足できる結果を目指す

まず、態度やふるまいが相手と同じ目線であること。次に、心の中で自分を卑下したり、相手を見下したりしないこと。そして、お互いに満足できる結果を目指そうとすること。「アサーティブ」では、年齢、性別、地位に関わらず、この3つが対等であることを意識する。

4 自己責任を持つこと

「言わなかったこと」にも 「言ったこと」にも責任を持つ

コミュニケーションにおいて「どちらかが100%悪い」ということはあり得ない。明らかに相手に非があると思える場合も、一方的に責めずに何が問題なのかを考えよう。そのうえで「自分の言ったことと、自分の言わなかったことに責任を持つ」と考えたい。

「アサーティブな表現」の基本的な流れ

相手に要求・お願いをするときのアサーティブな表現を覚えよう。まずは3つの問いかけを利用して、❶「事実・問題を客観的に伝える」、❷「感情を誠実に伝える」、❸「提案を具体的に伝える」というステップを展開。実際に伝えるときは、5つの補足テクニックをプラスすれば、信頼関係がさらに高まる。

3つの問いかけで伝える3つのステップ

例 要求する「Aさん（後輩）から進捗報告がなく、困っている場合」

自分「Aさんからの仕事の進捗報告をもらえないために、プロジェクト全体の進み具合を把握できなくてさ、正直困っているんだ」

Aさん「そうですか、すみません」

自分「週に1度、金曜日の午前中に5分間だけ、進捗を確認する時間をつくってもらえないだろうか」

Aさん「わかりました」

問いかけ 1
「起きている事実は何か、問題は何か」
事実・問題を客観的に伝える

問いかけ 2
「事実・問題に対して私はどう思うか」
自分の感情を誠実に言葉にする

問いかけ 3
「どのように変えたいか、何を望むか」
提案を具体的に伝える

5つの補足テクニックで信頼を高める

自分　「Aさん、今、ちょっといいかな？」

Aさん　「はい、何でしょうか」

自分　「昨日の企画書、とてもよくできていたね。
いつも完成度が高いので助かります」

捕足① 相手を認める言葉

Aさん　「はい、ありがとうございます」

自分　「……それでちょっと、言いづらいことだけれど聞いてくれる」

捕足② 自己開示をする

Aさん　「は、はい」

自分　「Aさんから仕事の進捗報告がもらえないために、
プロジェクト全体の進み具合を把握できなくてさ、
正直困っているんだ」

Aさん　「そうですか、すみません」

自分　「進捗報告のタイミングとか、つかみづらいのかな。
それとも、報告しづらい理由って何かあるのかな、教えてくれる？」

Aさん　「はい、でも、何とか乗り切れると思いますが、
報告のタイミングがつかめなくて……」

捕足③ 相手の言い分を聞く

自分　「そうか、タイミングの問題だったんだね。
もっと早く聞けばよかったよね。
それなら……
「週に1度、金曜日の午前中に5分間だけ、
進捗を伝える時間をつくって確認する、というのはどうだろうか」

捕足④ 自分の責任を認める

Aさん　「はい、わかりました」

自分　「僕からも声をかけるから、今週末から、さっそくやってみよう」

捕捉⑤ フォローを伝えてさわやかに終了させる

おこりキャラに
おすすめ

アサーティブな表現の実践
❶

責めないで伝えるコツ

怒りの気持ちが湧いてきたときの対処法を解説する。
相手に怒りをぶつけるのではなく、事実や状況に目を向けよう。

POINT 1 相手の人格ではなく、事実や状況にフォーカスする

「怒りの感情をもつこと」と「攻撃的な表現をすること」を切り離して考えよう。「〜するあなた」ではなく、「〜という事実」に目を向けよう。相手の人格ではなく、事実や状況にフォーカスすれば、攻撃したい気持ちから逃れられる。

× あなたはいつも報告してくれない
○ 報告が遅れることが何回かあった

× あなたは一方的な指導ばかりする
○ 指導の時間が15分、20分と続くことがある

POINT 2 誠実な気持ちを責めずに伝える

心の中で「あなたは○○だ」と考えると、怒りが爆発しやすくなる。そうなると、相手は防衛的になり、こちらの意図を理解してくれなくなる。「起きている状況」に対する自分の気持ちを言葉にしてみよう。

× あなたにムカつく、あなたは最低
○ この状況を心配している、危惧している

× ケアレスミスばかりで、使えないヤツだ
○ せっかく頑張っているのに、もったいない

POINT 3 何がどう変わってほしいかを伝える

「責めないで伝える」とは、怒りをぶつけることではない。相手の行動に焦点を当て「何がどう変わってほしいのか」にしぼって、具体的に伝えよう。真剣な態度で伝えれば、相手に届きやすくなる。

× もっとしっかり、自発的に報告してほしい
○ 週に1回、進捗報告を口頭でもらいたい

× もっと現場の状況を把握してもらいたい
○ 毎月1回現場に来て、担当者と話す時間を取ってもらえないだろうか

ひるみキャラにおすすめ

アサーティブな表現の実践
❷

上手に「ノー」を言うコツ

アサーティブな表現は、「ノー」を言うときにも有効だ。依頼や誘いをスムーズに断るコツを覚えておこう。

伝達術

POINT 1 相手の立場を理解して、気持ちを受け止める

「ノー」を言うのは「ひるみキャラ」ではなくても難しい。アサーティブな「ノー」では、自分と相手の立場も大切にしながら、問題の解決策を考える。まず、依頼や誘いに対し、右のような表現で相手の気持ちを受け止めてみよう。

受け止める表現

お誘いいただけるのは大変うれしいです

お急ぎという事情は、よく理解しております

POINT 2 何が「ノー」なのかを考えて、的をしぼる

依頼や誘いに対し、自分の中で何が「ノー」なのか、的を絞ることも大切だ。まずは、自分にとって優先順位の高いものは何なのかを知ることが大切だ。誠実に断るために、自分に対して誠実になろう。

主張の表現

明日のプレゼンの準備をしたいので、本日の参加はご遠慮させてください

今、○○と××の案件を抱えているので、それ以上は質の担保が難しい状況です

POINT 3 お互いが納得できる代替案を示す

「ノー」は正直な理由を添えて、簡潔に伝えよう。このとき、できるだけ代替案を出せるように努力してみよう。前向きで現実的な代替案を示せれば、互いに納得できる問題の解決策となる。

納得できる代替案

来月になりましたら喜んで参加します

明日の午後まで期間を延ばしていただくのはいかがでしょうか

いやみキャラに
おすすめ

アサーティブな表現の実践
❸

ポジティブな感情を伝えるコツ

相手を認めたりほめたりするのは意外に難しい。
よい人間関係のベースになる適切なほめ方をマスターしよう。

POINT 1 できるだけ具体的に「よい点」を伝える

「すごいね！」など簡潔な表現でほめるのも悪くはないが、より具体的な表現でほめたほうが、自分の気持ちが伝わりやすい。どの部分がよかったか、どんな結果が出たかなどの例をあげて伝えよう。具体的に伝えようとすれば、相手を理解しようとするこちらの気持ちも同時に伝わる。

○ 簡潔な表現

すごいね！　　いいじゃない！　　さすが！

＋

◎ 具体的な表現

昨日の会議で、司会としてテキパキ
進行してくれたから、いい話し合いができた。
○○さんのおかげだね、ありがとう

POINT 2 自分の気持ちを素直に伝える

相手の特長（よいところ）をほめるときは、自分の正直な感想をプラスすることが大切だ。特長をほめるだけにとどまらず、もう一歩踏み込んで自分の気持ちを伝えれば、相手の心にストレートに届くはず。語尾まではっきり言い切ることを意識して、言葉を口にしてみよう。

相手の特徴		自分の感想
○○さんは いつも丁寧に 完成してくれる	＋	本当に 助かっているよ ありがとう
○○さんは 前向きに何でも チャレンジする	＋	チームの士気も 上がるので 感謝している

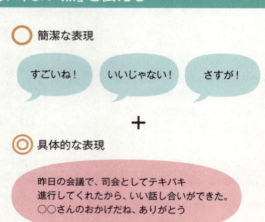

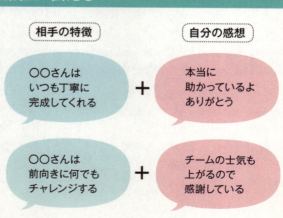

心理話術

激務を乗り切る
心理テクニック

4
心理話術

激務を乗り切る心理テクニック

PROFILE
公益社団法人日本心理学会認定士。一般社団法人日本ヒューマンスキル教育推進協会代表理事。社会心理学系の大学院（博士課程前期）を修了後、各種学校にてスクールカウンセラーとして活躍。2006年に日本心理教育コンサルティングを設立。全国の企業・自治体・学校で心理学を活用した楽しく実践的な講義や研修を行っている。メディア掲載・監修も多数あり。

教えてくれたのは
心理カウンセラー
櫻井勝彦さん
Katsuhiko Sakurai

仕事の現場で活かせる実践的な心理テクニックと会話の技術を学んで、作業の効率を上げたり、プレゼンを成功させたりできるようになろう。

“しっかり話を聞くことで相手の心理が理解できる”

信頼関係を結ぶことから始めてみよう

心理カウンセラーとして活躍する櫻井さんも人間関係に悩んでいた時期があるという。それを解決するヒントを与えてくれたのは心理学やカウンセリングをベースにする手法だった。
「上司や部下とうまくつき合えない、営業先で会話が続かない、人前で緊張するなど、悩みは人それぞれですが、解決の糸口は必ず見つかります」

人間関係をつくる基本となるのは、「話をしっかり聞く」という行動だ。しっかり話を聞き、相手をほめたり認めたりすることで、信頼関係（ラポール）が生まれるのだという。
「本音を言い合える関係を築くことからはじめてください。人と人を信頼関係で結ぶ方法を学べば、楽しくスムーズに仕事ができるようになります」

心理学やカウンセリングの世界では「すべての人は理想実現するためのリソースを持ってい

人間関係をつくる手順

る」と考える。これは「人はだれでも『なりたい自分』に近づくことができる」ということ。「人の脳や心には大きな可能性が残されています。何歳であっても変わることができます」

心理テクニックはメンタルケアにも役立つ

心理学やカウンセリングをベースにした心理テクニックは、信頼関係を築くために役立つが、「よい心の状態を保つこと」に対しても有効だ。

「インターネットやSNSが普及し、対面コミュニケーションの機会が失われつつあります。過度なストレスを抱え、心の不調を訴え人が増えています。ストレスをゼロにする方法はありませんが、軽減したり発散したりする方法はあるので、ぜひ実践してください」

人間関係を良好な状態に保ちつつ、メンタルケアを実行すれば、今よりスムーズに、効率よく仕事のさまざまな問題に取り組めるようになる。

櫻井さんの著書

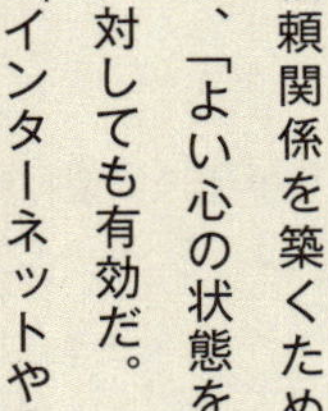

仕事が思い通りにできる心理術
明日香出版社／1,620円

人間関係における仕事の悩みを心理術で解決する方法を紹介する本。心理学やカウンセリングの手法をビジネスに応用するコツがわかる。

【心理テクニックの基礎】

プレッシャーに打ち勝つ2ステップ

ビジネスの現場で「人間関係の悩み」を抱えている人は少なくない。
心理テクニックを知る前に、プレッシャーとのつき合い方について学ぼう。

STEP 1 頼りにできる味方（支えてくれる人）を増やす

人と人が関わる場では、つねにプレッシャーが生まれる。そのとき頼りになるのが、味方になってくれる人（自分の心を支えてくれる人）の存在だ。イザというときに頼りにできる人が多ければ多いほど安心できる。対人関係において心理テクニックを使う目的は「より良い人間関係をつくる」ため。駆け引きをして人を欺くためではない。

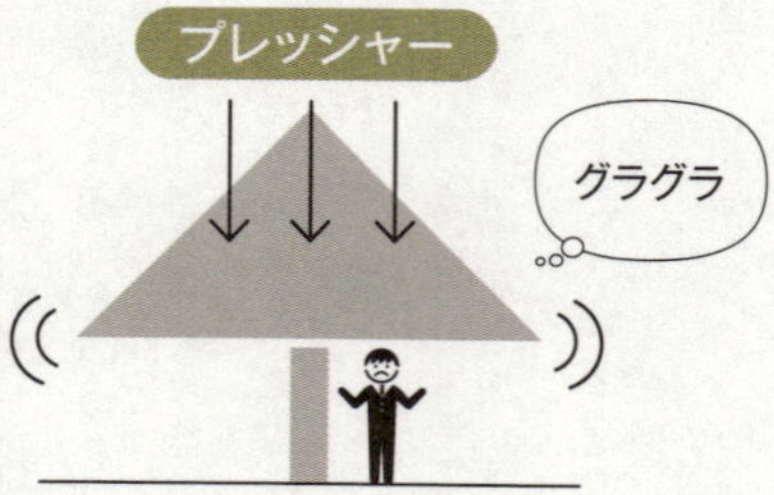

柱が細く、数が少なければプレッシャーに負けてしまう

プレッシャーを受ける心を「屋根」に、頼れる人との関係を「柱」にたとえて考えてみる。「柱」の数が少なく細ければ、軽い圧力で「屋根」はつぶれてしまう。

太い柱がたくさんあれば強いプレッシャーに耐えられる

一方、頼れる人がたくさんいて、強い信頼関係で結ばれていれば、強い圧力がかかっても「屋根」はつぶれない。プレッシャーへの耐性は人間関係によって変わる。

人間関係の「柱」を増やす心理テクニック　人間関係を変えるテクニック ▶ P.72

STEP 2 メンタルケアでストレスに強くなる

周囲に支えてくれる人がたくさんいれば、すべてがうまくいくというわけではない。プレッシャーへの耐性は、個人の特性によって変化する。具体的には、性格的な資質、生活習慣、思考の傾向などが、プレッシャーへの耐性を決める要素になる。心理テクニックを使って定期的にメンタルケアを行うことも大切だ。良好な人間関係を保ちつつ、自分の心と向かい合う心理的なメンテナンスも習慣にしたい。

プレッシャーへの耐性を決める要素

- 性格的な資質
- 生活習慣
- 思考の傾向

プレッシャーへの耐性は個人の特性によって変わる。耐性を強めるため、無理に自分を変える必要はないが、どんな傾向があるかを自覚しておくことには意味がある。

プレッシャーに耐えるための心理テクニック **メンタルケアのテクニック** ▶ P.78

「私は大丈夫」とは言えない！

「心の不調」の進み具合も意識しよう

「心の不調」を訴える人が増えている。一般的にメンタル不調の予防活動には、右のような3つの段階があるとされている。現在、一部の企業では二次予防を行っているが、発症してから改善するのは大変なため、一次予防（メンタルケアなど）に積極的に取り組むようにしたい。

メンタル不調の予防活動

一次予防	メンタルヘルス不調の発症予防
二次予防	メンタル不調者の早期発見・早期治療
三次予防	再発予防・職場復帰支援

明日からの仕事に活かせる！

心理テクニック18

ここでは、ビジネスシーンで活躍するために必要な技をセレクトした。
「人間関係を変える」と「メンタルケア」に分けて紹介する。

相手の心をつかめばビジネスの9割はうまくいく！

人間関係を変える

前半は人間関係を良好にするためのテクニックを厳選。効果を発揮するシチュエーションに合わせて紹介する。

＼こんなときに効く！／
初対面で好印象を残したい

Technique 01 セルフ・デプリケーティング・ユーモア

「自虐ネタ」でアピールすれば気持ちをわしづかみにできる

初対面のあいさつや自己紹介の場で過度なアピールは反感をかう。同時に、過度な自虐ネタにも注意が必要だ。「私なんて～」「どうせ私は～」などの枕詞で過度に謙遜するのは「自虐ネタ」ではない。「少しよいところ」のあとに「少し悪いところ」を重ね、その場で笑い飛ばせる適切なネタ（セルフ・デプリケーティング・ユーモア）を提供しよう。

適切な「自虐ネタ」
（セルフ・デプリケーティング・ユーモア）

手先は器用なほうですが
残念ながら……
絵はどヘタです
親しみやすい！
好感度が高い！

心配になる「過度な謙遜グセ」

私なんて何もいいところ
がないので……
ご迷惑をかけないか
心配です
不安になる……
大丈夫かな？

＼こんなときに効く！／
建設的な意見を引き出したい

Technique 02 オープンクエスチョン＋肯定

答えやすい質問をするだけでどんどん建設的な意見が出る

打ち合わせの場では、質問のしかたで引き出せる意見が変わる。「はい」「いいえ」で答える「クローズドクエスチョン」は、意見が発展しにくいのでNG。また、自由に答えられる「オープンクエスチョン」でも、否定的に「悪いところ」を聞くと、前向きな議論にならない。建設的な意見を引き出すときはオープンで肯定的な質問を用意しよう。

質問のマトリクス

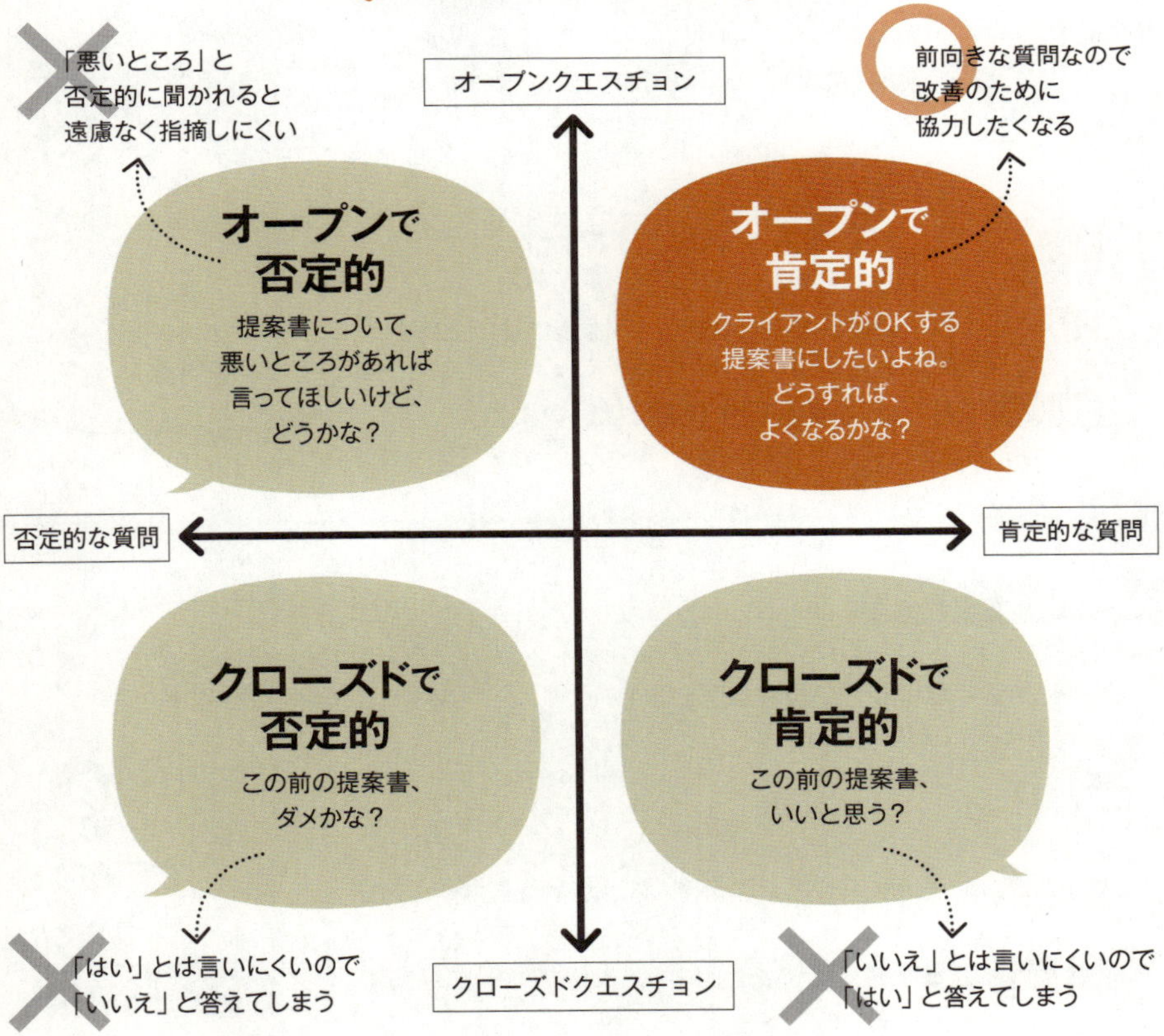
「悪いところ」と
否定的に聞かれると
遠慮なく指摘しにくい
オープンクエスチョン
前向きな質問なので
改善のために
協力したくなる
オープンで
否定的
提案書について、
悪いところがあれば
言ってほしいけど、
どうかな？
オープンで
肯定的
クライアントがOKする
提案書にしたいよね。
どうすれば、
よくなるかな？
否定的な質問
肯定的な質問
クローズドで
否定的
この前の提案書、
ダメかな？
クローズドで
肯定的
この前の提案書、
いいと思う？
「はい」とは言いにくいので
「いいえ」と答えてしまう
クローズドクエスチョン
「いいえ」とは言いにくいので
「はい」と答えてしまう

オープンクエスチョン ……答えを限定しない開かれた質問
クローズドクエスチョン ……「はい」「いいえ」で答える質問

＼こんなときに効く！／
嫌われずに注意したい

Technique 03 「ほめ2→指摘1」の法則

「2回ほめてから1回指摘」で反感を買わずに意見できる

ミスや欠点をいきなり指摘すると、相手は「全否定」されたような気分になり、心を閉ざしてしまう。こちらの言い分をきちんと受け止めてもらうために、はじめに2回ほめてから、1回指摘すること。このとき、上辺だけでほめると逆に怪しまれてしまうので注意。本当によいと思えることや感謝していることを正直に伝えよう。

上司から部下へ

NG!
指摘のみ
「○○さん、遅刻しないようにしてね」

言い方がキツイと
反感を覚えてしまう

ほめる 「○○さん、最近、がんばってるよね」
▼
ほめる 「昨日の企画書もすばらしい仕上がりだったよ」
▼
指摘する 「あとは、遅刻だけ注意すればいいよね」

ほめられることで
前向きな気持ちに
なれる

発注先から受注先へ

NG!
指摘のみ
「納品書の数値が1か所違っていました。
注意してくださいね」

ミスは事実だが
素直に反省できない

ほめる ○○さん、迅速なご対応、ありがとうございます。
▼
ほめる 期日を守っていただけるので、いつも助かります。
▼
指摘する 「ただ、この納品書の数値が1か所違っていましたので、
確認をお願いします。」

評価されていることが
前提なので
前向きに受け取れる

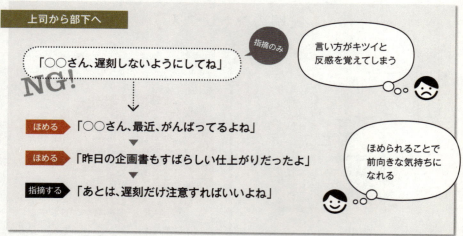

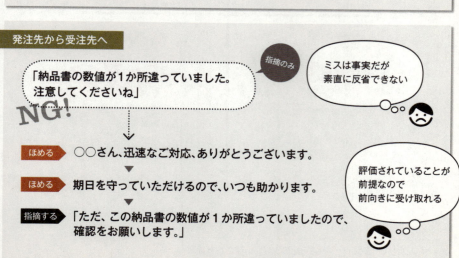

＼こんなときに効く！／
服装で雰囲気を変えたい

Technique 04 色彩心理術

与えたい印象に合わせて服装の色を選ぶ

色が与えるイメージには決まりごとがあり、人の印象を左右する力がある。下の欄を参考に、場の状況や目的に合わせて上手に色を取り入れてみよう。ネクタイやシャツ、スカーフなどにテーマカラーを1色入れるだけで、効果を実感できるはずだ。

取り込むべき「色」と効果

- 面接 → 青 … まじめな印象、実直な印象を与える
- 会議 → 黄 … 会議で目立てる、よいアイデアが出る
- プレゼン → 赤 … 熱意を伝えられる、記憶に残せる
- 商談 → オレンジ … ハツラツとしたイメージを演出できる
- 接待 → 緑 … 自分を控えめにして相手を立てられる

スーツなら、
ネクタイやシャツなどに
アクセントとして使う

＼こんなときに効く！／
もっとなかよくしたい

Technique 05 バーバルチューニング

言葉遣いを合わせるだけで距離をぐっと縮められる

相手と親しくなりたいときは、「共通点」を見つけることが大切。些細なことでもかまわない。共通点について話せば、仲間意識が生まれて距離はいっきに縮まる。また、このとき、語尾や口癖、相づちの打ち方など、相手の言葉遣いに合わせる行動（バーバルチューニング）を意識すると、距離を縮めるスピードがさらにアップする。

バーバルチューニング

- □ **語尾**（～ですよね／～だよね／～なんだって）
- □ **口癖**（そうだね／あのね／聞いてくれる？）
- □ **相づち**（わかる／それでそれで？／なるほどね）

共通点を探す

- □ 出身地
- □ 生年月日
- □ 体重／身長
- □ 職歴
- □ 趣味
- □ 持ち物（鞄／靴／文具）
- □ 好きな食べ物
- □ 好きな映画

→ **仲間意識**

＼こんなときに効く！／
確実に商品を売りたい

Technique 06 ドア・イン・ザ・フェイス・テクニック

はじめに大きな金額を提示すれば商談がスムーズにまとまる

大きな金額のあとに小さな金額を提示すればお得感を演出できる（ドア・イン・ザ・フェイス・テクニック）。さらに「特別に〜」と念を押せば、得感は倍増する（ザッツ・ノット・オール・テクニック）。通販番組では常套手段だが効果はバツグン。「高い見積書 → 安い見積書 → 付加価値」の手順で提案を重ねれば一般的な商談でも効果がある。

メーカー希望小売価格：15,400円（税別）… 大きな金額
▼
特別価格：　9,800円（税別）… 小さな金額
▼
今ならもれなく、プレゼントつき … 特典

限定効果

大きな金額・小さな金額 → ドア・イン・ザ・フェイス・テクニック
特典 → ザッツ・ノット・オール・テクニック

＼こんなときに効く！／
絶対に商談をまとめたい

Technique 07 右斜め横の法則

相手の右斜め横に座るだけで商談がスムーズに運ぶ

人には「パソーソナルスペース」と呼ばれる縄張りがあり、他人がここに入るとストレスを感じてしまう。このスペースは前方に伸びているので、商談のときはクライアント（相手）の正面を避け、できるだけ横に座ること。また、利き手側のほう（心臓の反対側）が緊張や警戒がやわらぐとされているので、可能であれば、相手の右斜め横に着席しよう。

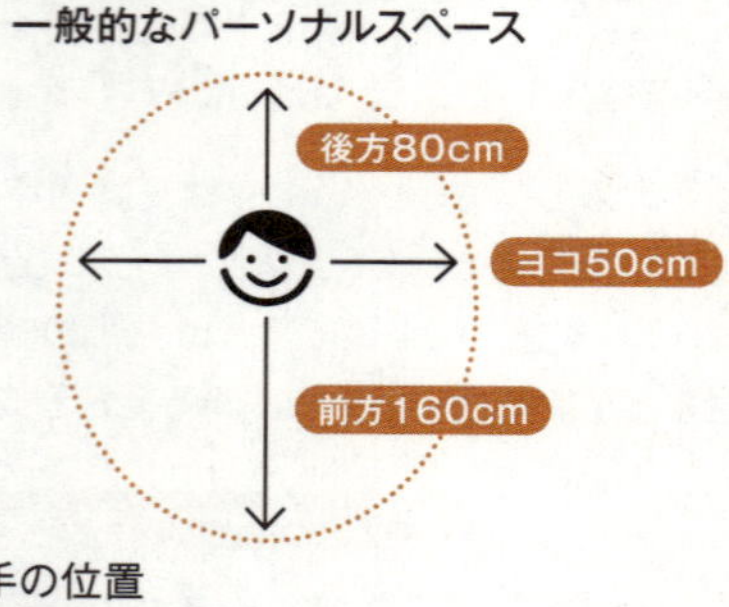

一般的なパーソナルスペース
後方80cm
ヨコ50cm
前方160cm

相手の位置
相手の利き手側
（心臓と反対の方向）
パーソナルスペースの外側
机
左斜め横
に座る
正面に座る

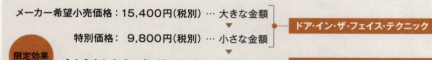

心理話術

\こんなときに効く！/
スマートに断りたい

Technique 08 イエス・バット法

「そうですね」で肯定すれば相手を傷つけずに断れる

相手の依頼を「イエス（はい）」と受け入れてから、そのあと「バット（ただし）」とできない理由を伝えるのが「イエス・バット法」。「ノー（いいえ）」で入るよりも印象がやわらぐ。相手の気分を害さずにスマートに断りたいときはこの方法を使おう。

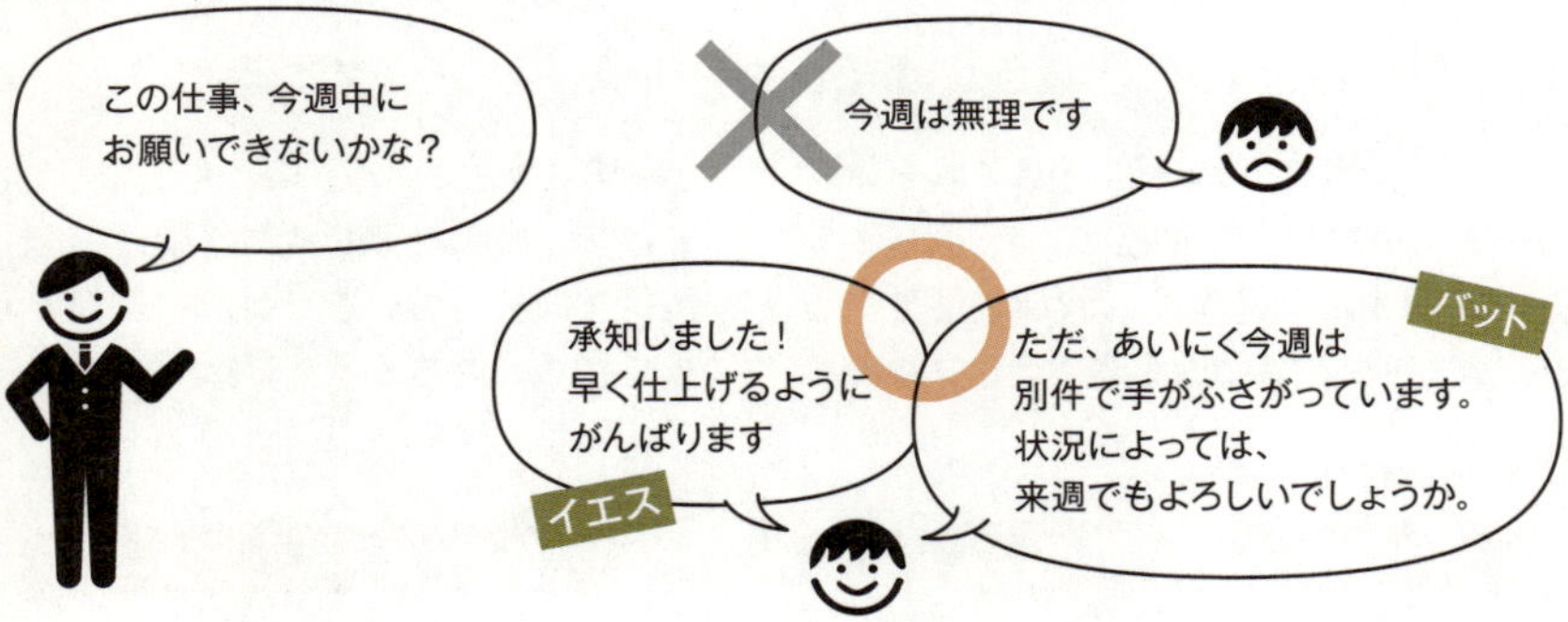
この仕事、今週中に
お願いできないかな？
今週は無理です
承知しました！
早く仕上げるように
がんばります
イエス
バット
ただ、あいにく今週は
別件で手がふさがっています。
状況によっては、
来週でもよろしいでしょうか。

\こんなときに効く！/
クレーム対応で興奮を鎮めたい

Technique 09 アンカリング

きっかけになる言葉をつかめば怒っている人をなだめられる

五感の情報をきっかけに、特定の感情（楽しい、懐かしい）が引き出されることを心理学では「アンカリング」と呼ぶ。クレームの局面で相手が興奮していると感じたら、話を広げ、きっかけとなる「言葉」や「対象」を探そう。きっかけをつかめば、相手がやさしい気持ちになったり、冷静になったりする。

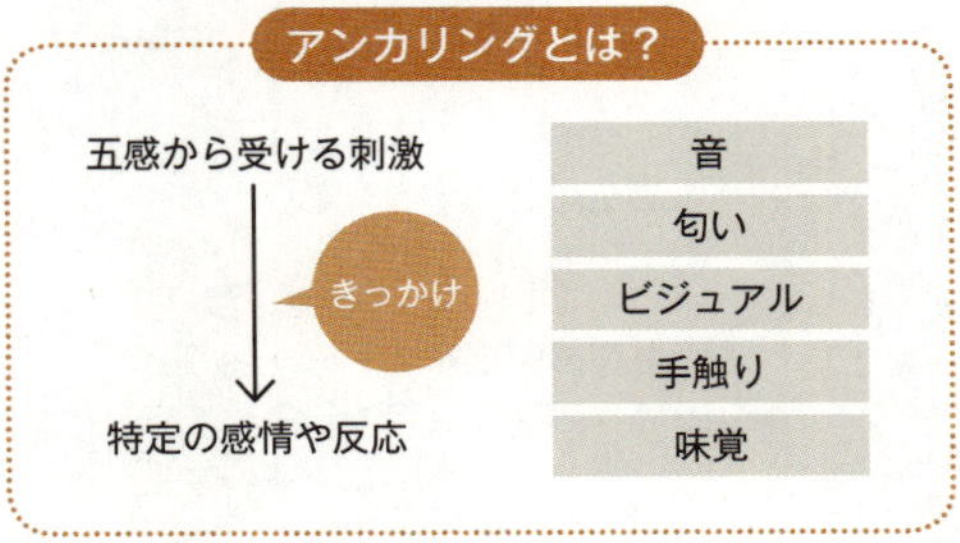
アンカリングとは？
五感から受ける刺激
きっかけ
特定の感情や反応
音
匂い
ビジュアル
手触り
味覚

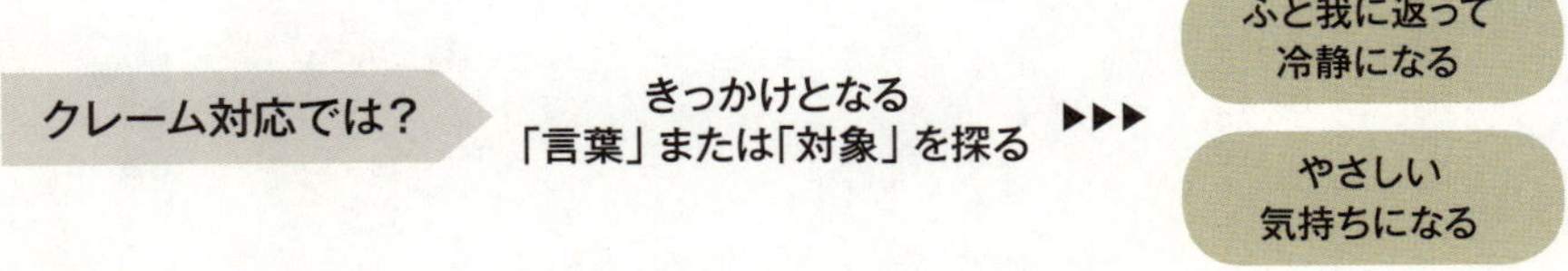
クレーム対応では？
きっかけとなる
「言葉」または「対象」を探る
ふと我に返って
冷静になる
やさしい
気持ちになる

メンタルケア

後半は自分の心を自分でケアするためのテクニックを紹介する。ストレスによる重圧を回避し、モチベーションを保つ方法を身につけよう。

＼こんなときに効く！／
失敗のダメージを軽減したい

Technique 10 「反復脅迫」回避の術

失敗を思い出す回数を減らせばモチベーションがアップする

ネガティブな体験をすると、人はそれを頭で反復する。やがて脳に回路ができ、同じことをくり返すようになる。これは「反復脅迫」と呼ばれるもの。まず、ネガティブなことを思い返さないようにしよう。逆に、ポジティブな体験は、積極的に反復したい。成功体験を何度も思い返せば脳に回路が定着し、同じ場面で成功する確率が高まる。

反復脅迫のサイクル

ネガティブな体験が脳の神経回路に定着する前に記憶を追い払い、ポジティブな体験の記憶に移行しよう。

成功のサイクル

ポジティブな体験もくり返して思い出すことで神経回路に定着する。意識的に反復すれば、同じ局面で成功しやすくなる。

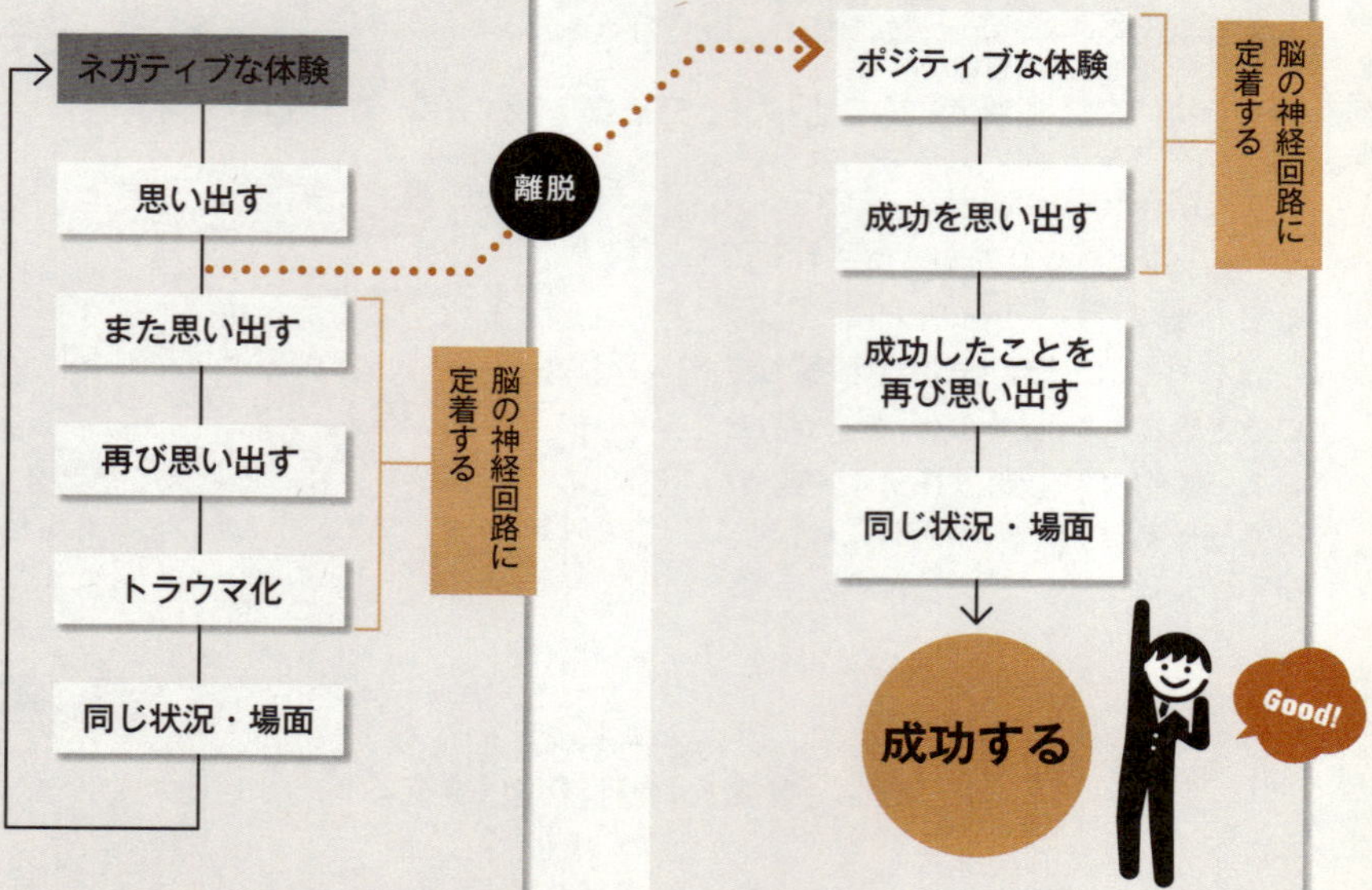

ネガティブな体験
思い出す
また思い出す
再び思い出す
トラウマ化
同じ状況・場面
脳の神経回路に定着する
離脱
ポジティブな体験
成功を思い出す
成功したことを再び思い出す
同じ状況・場面
脳の神経回路に定着する
成功する
Good!

＼こんなときに効く！／
もやもや状態から抜け出したい

Technique 11 ワーキングメモリ消去

休んでリフレッシュすれば頭の回転が速くなる

パソコンと同じように人の脳にも情報を一時的に蓄える「メモリ」の部分がある。「ワーキングメモリ（脳の作業スペース）」と呼ばれるこの部分には、一定の容量があり、容量を超えると頭が働かない、考えがまとまらないという状態に陥る。そんなときは、頭の中をからっぽにすること。「インスタント座禅」などでリセットすれば、頭が快適に働くようになる。

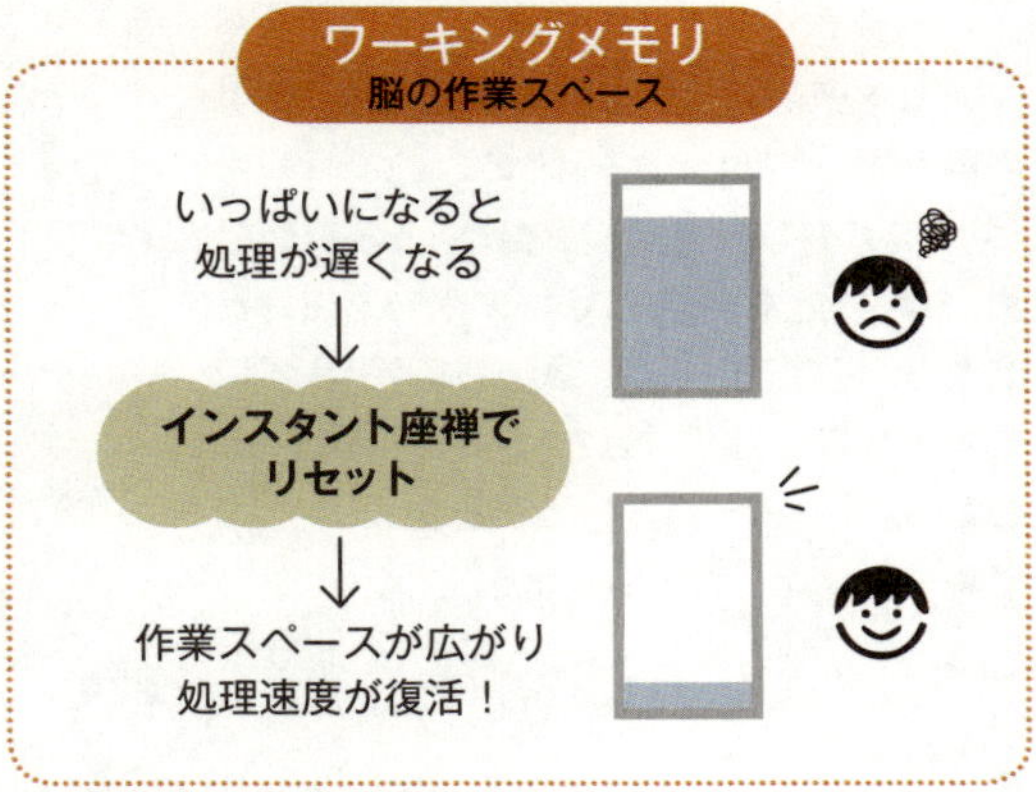
ワーキングメモリ
脳の作業スペース
いっぱいになると
処理が遅くなる
↓
インスタント座禅で
リセット
↓
作業スペースが広がり
処理速度が復活！

インスタント座禅の手順

ワーキングメモリは、短時間の仮眠などでリセットされる。仕事中に仮眠をとるのが難しい場合は、30秒でもかまわないので、右の手順で「インスタント座禅」を実践してみよう。頭の中を空っぽにすれば、作業効率が格段に上がる。

瞑想
30秒以上

1 落ち着いた場所に座る

静かな場所であぐらをかくのが理想だが、椅子に座ったままでもOK。慣れれば、電車の中で吊革につかまりながらでもできるようになる。

2 目を閉じて腹式呼吸をする

鼻から息を吸い、お腹を意識してゆっくり腹式呼吸をスタート。このとき、目を閉じると、視覚からの情報が遮断され、集中しやすくなる。

3 腹式呼吸の数を数える

呼吸の数を数えることをきっかけに、ほかの考えごとを遮断し、「何も考えない状態」を目指す。特定の言葉を心の中で唱えてもいい。

4 30秒以上キープする

「何も考えない瞑想の状態」をできるだけキープする。2～3分維持できれば効果的だが、はじめのうちは30秒だけでもかまわない。

\こんなときに効く！/
グズな自分にサヨナラしたい

Technique 12 メンタルブロックはずし

心のブレーキをはずせば行動力のある人になれる

よく考えて行動する慎重派の人は、失敗やリスクを予測してブレーキがかかり、行動に移せない傾向がある。この心のブレーキ（メンタルブロック）が習慣化すると、「行動力がない」と評価されてしまうので注意が必要だ。慎重派の人は、意識して「考えずにすぐやること」を実践しよう。すぐ行動すること」をくり返せば、それが習慣化し、心のブレーキがはずれやすくなる。

仕事で成果をあげる公式

成果 ＝ 能力 × 行動

仕事の成果は、「能力×行動」の式で表せる。行動が「ゼロ」なら、能力がどんなに高くても「ゼロ」にしかならない。

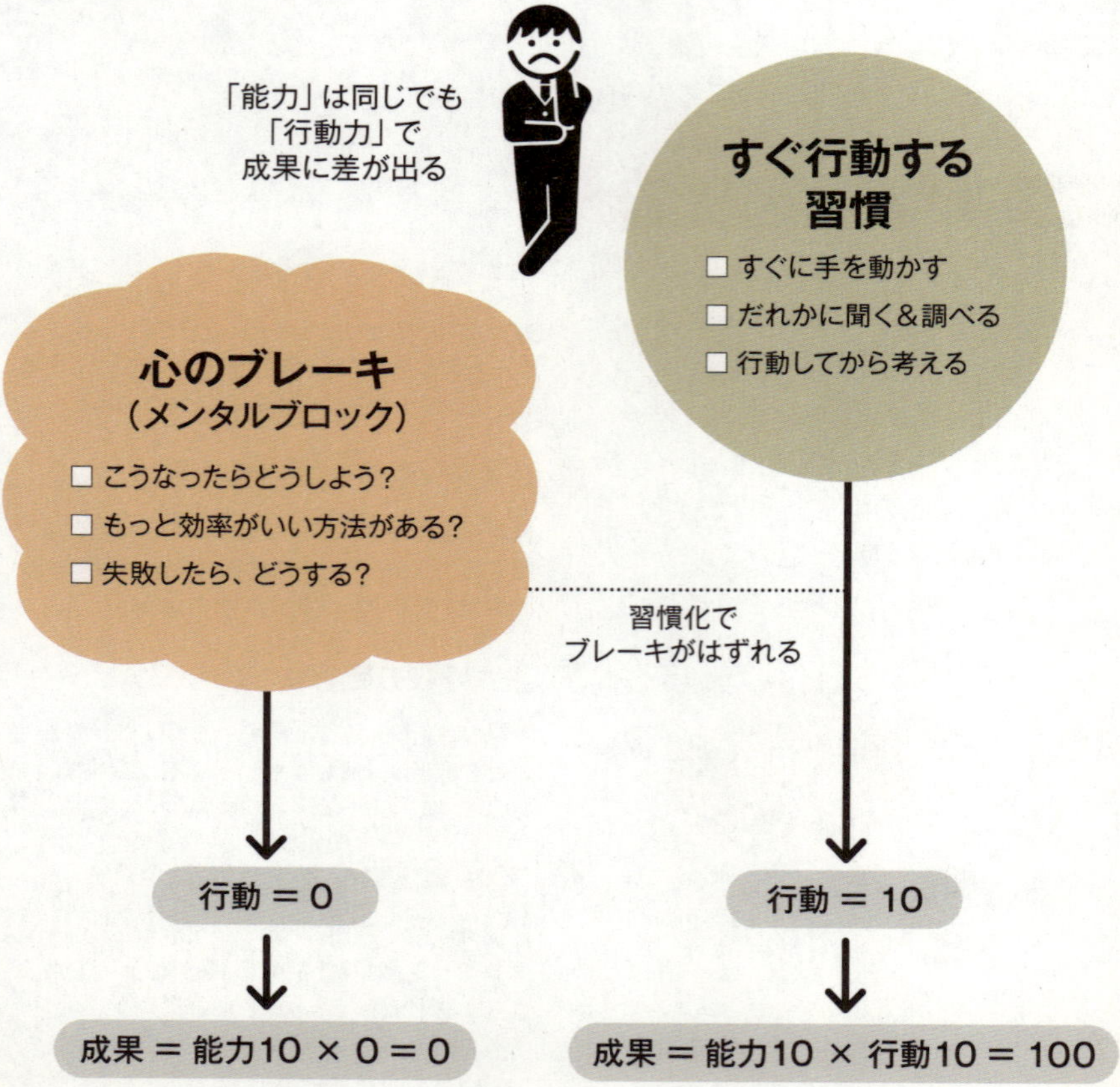
「能力」は同じでも
「行動力」で
成果に差が出る
すぐ行動する習慣
□ すぐに手を動かす
□ だれかに聞く＆調べる
□ 行動してから考える
心のブレーキ
（メンタルブロック）
□ こうなったらどうしよう？
□ もっと効率がいい方法がある？
□ 失敗したら、どうする？
習慣化で
ブレーキがはずれる
行動 ＝ 0
行動 ＝ 10
成果 ＝ 能力10 × 0 ＝ 0
成果 ＝ 能力10 × 行動10 ＝ 100

＼こんなときに効く！／
緊張で失敗したくない

Technique 13 開き直り緊張回避術

「緊張＝当然」と考えるだけでドキドキ状態から抜け出せる

緊張しやすい人は「緊張してはいけない」「失敗するのが怖い」と考えて不安定になり、結果的にあせって失敗する。そんなときは、「緊張してもかまわない」「緊張するのは当たり前」と考えて開き直ろう。緊張している自分を素直に受け入れ、客観的に自分の状態を観察できれば、緊張状態から抜け出せる。

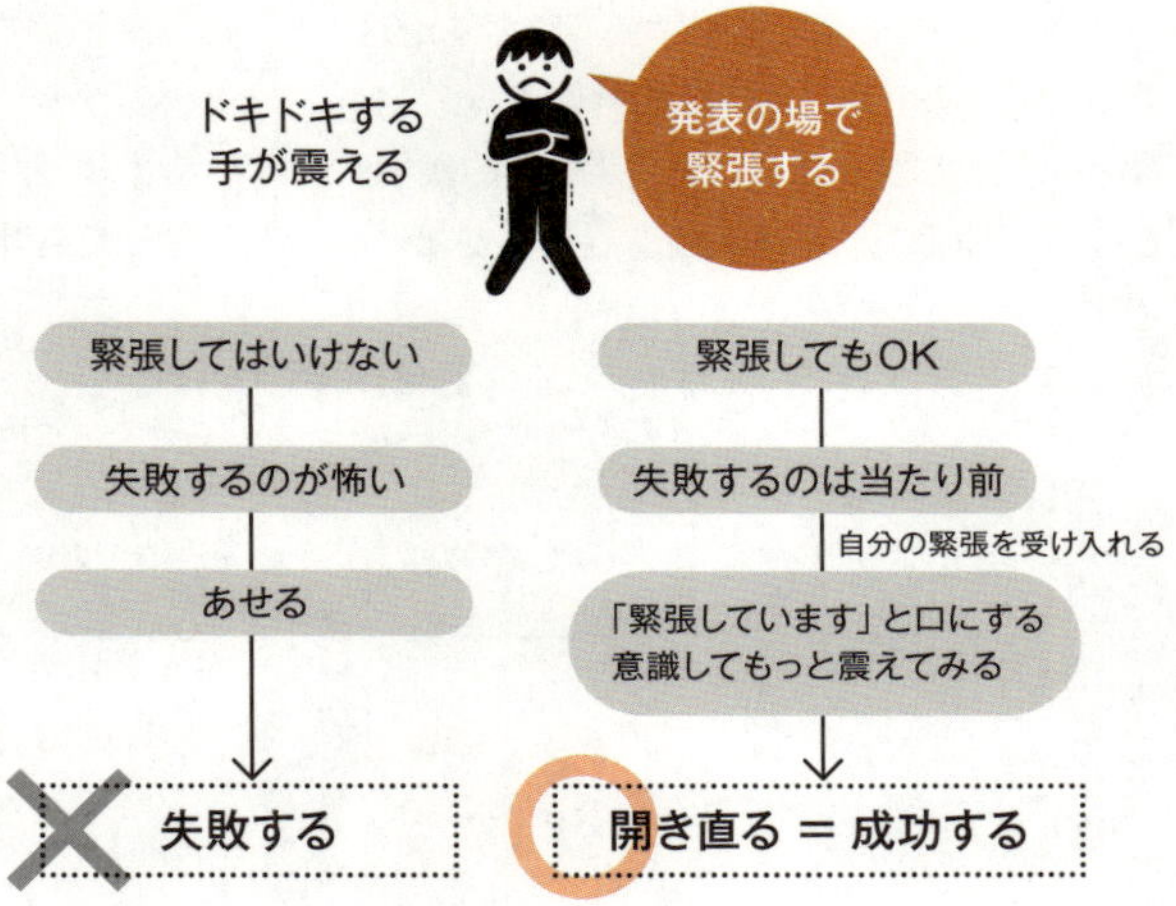

＼こんなときに効く！／
メンタルを強化したい

Technique 14 ポジティブ転換法

ネガティブからポジティブ思考へスイッチする裏ワザ

人の思考は過去の情報に基づく「記憶」からつくられる。この「記憶」をコップにたとえて考えよう。ネガティブ思考の人のコップはネガティブな情報で満たされている。ポジティブ思考に転換するなら、そのコップをポジティブな情報で満たせばOK。ポジティブな情報を積極的に取り入れ、ノートに書き出して定着させよう。

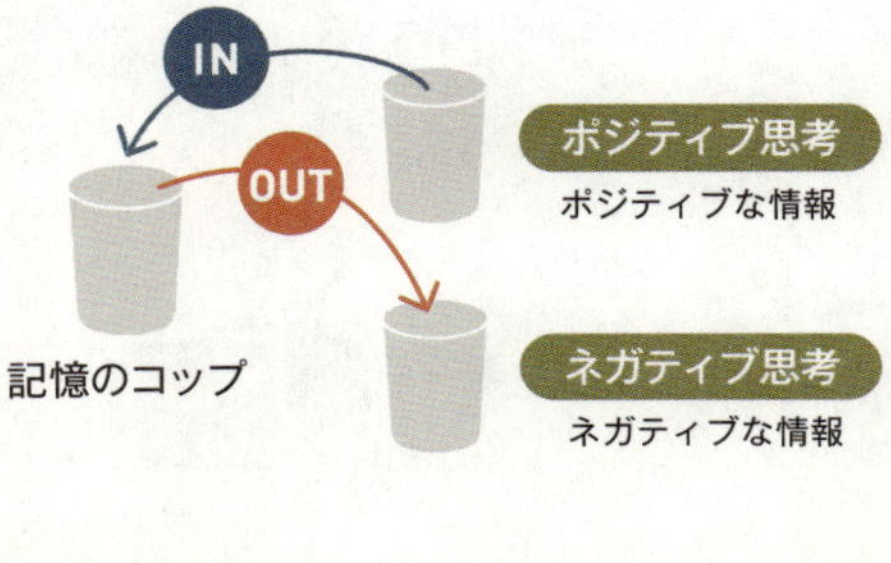

ポジティブな情報を定着させる

- □ 成功したビジスパーソンの本
- □ 尊敬する上司や先輩の話
- □ 企業のトップのメッセージ

ノートに書き出す
くり返し読む

＼こんなときに効く！／
やる気をコントロールしたい

Technique 15 内発的動機

心の内側に目を向けて「やりたい気持ち」を引き出す

自分から「〜したい」とわき出る欲求を心理学では「内発的動機」、自分の外側から「〜しなさい」と強制されることを「外発的動機」と呼ぶ。「やる気」を呼び起こしたいときは、未来の姿を思い浮かべながら「何がやりたいのか？」と自分に問いかけ、行動の意味を考えよう。未来への布石になるなら、外発的動機を内発的動機に転換できる。

＼こんなときに効く！／
効率アップで時短したい

Technique 16 サイキングアップ

自力でテンションを高めて脳を意識的に活性化させる

特定の行動をきっかけに自分のテンションを意識して上げることを心理学では「サイキングアップ」と呼ぶ。処理能力を上げて、短時間で仕事を片づけたいときは、このサイキングアップを実行。テンションを上げるきっかけは、音楽や軽い運動、深呼吸など人それぞれ。何をすれば気分が高まるかを試して、ベストなきっかけを見つけよう。

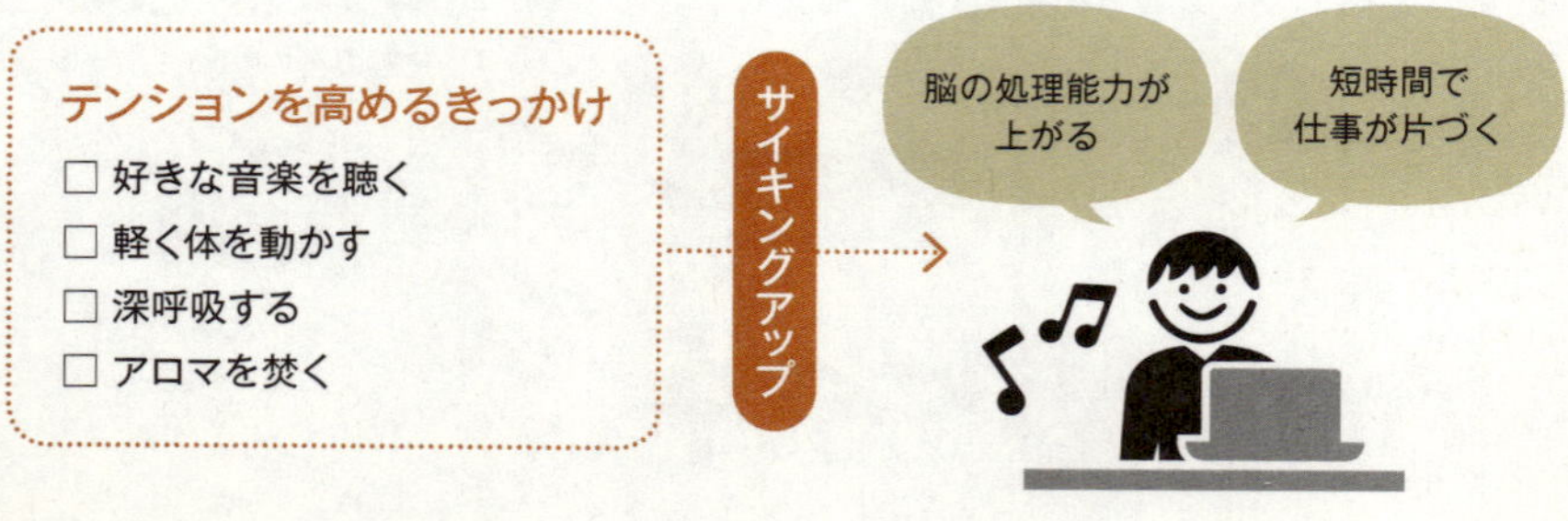

こんなときに効く！
快適な気分をキープしたい

Technique 17 ストレス発散の習慣

定期的なストレス発散で慢性的なイライラを退治する

ストレスがたまりにくい人は、ためない努力をしている。風船にパンパンに空気がたまると破裂してしまうので、定期的にストレスを発散しよう。風船の空気が抜ければ、風船が破裂しにくくなる。ストレス発散の方法は何でもかまわない。「たまったな」と感じときに着実に実行することが大切だ。

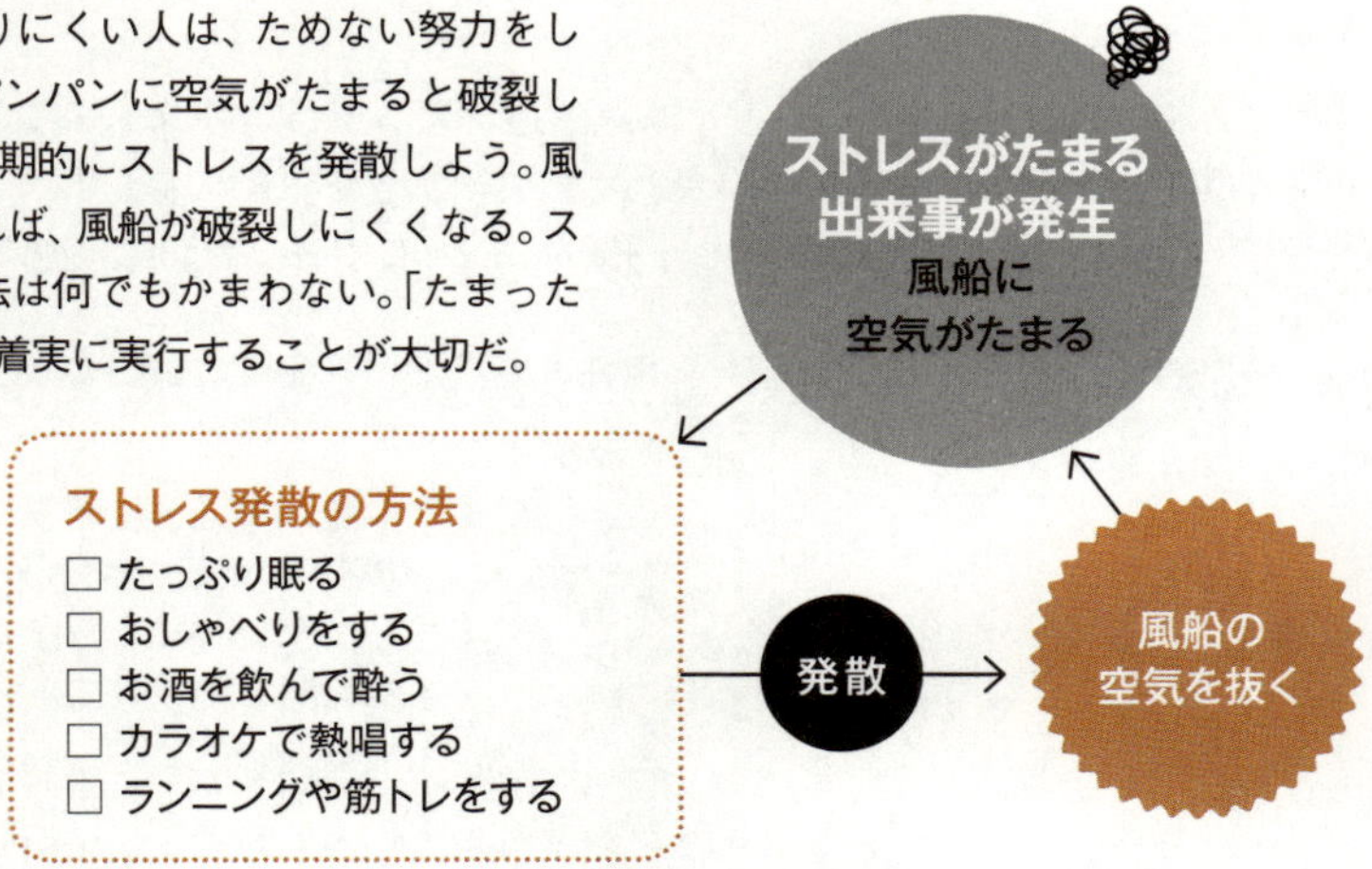
ストレスがたまる
出来事が発生
風船に
空気がたまる
ストレス発散の方法
□ たっぷり眠る
□ おしゃべりをする
□ お酒を飲んで酔う
□ カラオケで熱唱する
□ ランニングや筋トレをする
発散
風船の
空気を抜く

こんなときに効く！
メンタルを安定させたい

Technique 18 心を整える掃除術

心の疲れがたまっているときは掃除＆片づけでスッキリさせる

部屋が散らるのは、「ものを捨てられない」という心の状態が一因となる。メンタルを安定させたいときは、体を動かして掃除・片づけを実行しよう。周囲の環境を整えれば、気分がすっきりし、過去と決別できる。

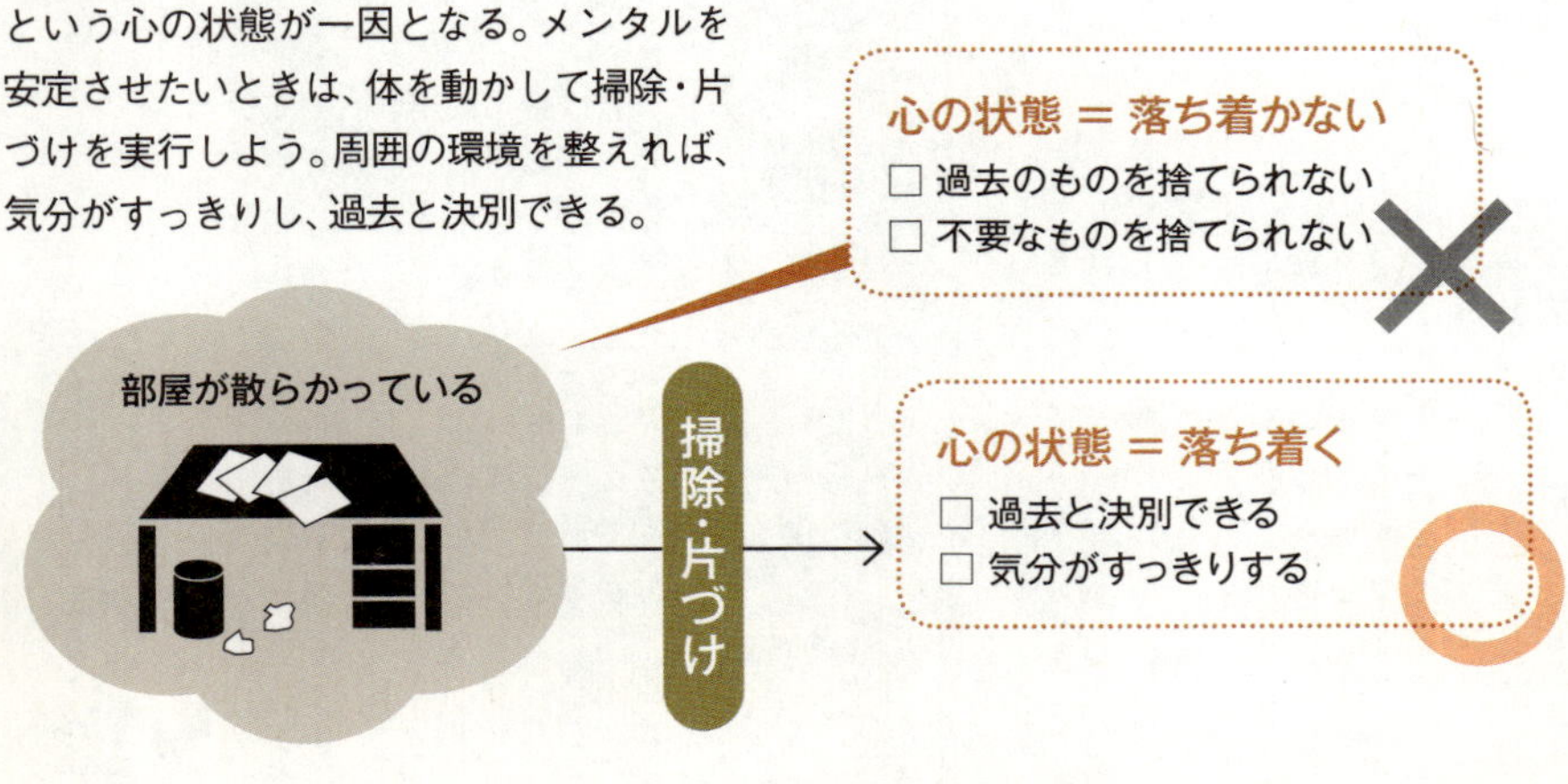
心の状態 ＝ 落ち着かない
□ 過去のものを捨てられない
□ 不要なものを捨てられない
部屋が散らかっている
掃除・片づけ
心の状態 ＝ 落ち着く
□ 過去と決別できる
□ 気分がすっきりする

COLUMN

言葉遣いで性格がわかる あなたの知り合いはどのタイプ?

性格検査の「エゴグラム」では言葉遣いで人を5つのタイプに分類する。100%当たるわけではないが、大まかな性格や行動の傾向は予測できる。予備知識として頭に入れ、円滑なコミュニケーションに役立てよう。

代表的な言葉遣い	タイプ	性格と行動の傾向
～はダメだ ～するのは当然だ ～すべきだ ～しなくてはならない	**父親タイプ**	・礼儀や作法に厳しい ・道徳的で倫理感が強い ・人に対して厳しい一面がある ・上から目線でミスを指摘する
それはたいへんですね わかります かわいそうに ～してあげましょうか	**母親タイプ**	・思いやりがあり、やさしい ・守ってあげる気持ちが強い ・世話好きなところがある ・親身になって相談にのってくれる
つまり～ 具体的には～ いつ?／どこで?／だれが? なぜ?／どうして?	**大人タイプ**	・感情に流されずに判断できる ・根拠やデータを重視する ・ムダなことが嫌い ・いつも冷静で落ち着いている
かっこいい! すごい! うれしい! わぁー／キャー	**子どもタイプ**	・気分や感情に流されやすい ・明るく楽しいことが大好き ・のびのびして活発、よく笑う ・直感で行動することが多い
～していいですか? すみません できません どうせ私は～	**いい子タイプ**	・周囲の目を気にする ・悪く思われないことを重視する ・遠慮がちで人に気を遣う ・おどおどした態度が目立つ

発声力

声と話し方を磨いて
信頼される人になる方法

5
発声力

声と話し方を磨いて信頼される人になる方法

PROFILE
1995年、日本テレビにアナウンサーとして入社。報道、バラエティー、情報番組を幅広く担当。2004年に独立し、フリーアナウンサーとして活動をスタート。25年にわたるアナウンス技術を活かした「魚住式スピーチメソッド」でトレーナーとしても活躍。

教えてくれたのは
フリーアナウンサー／ボイス・スピーチデザイナー
魚住りえさん
Rie Uozumi

声も話し方も、誰もがちょっとしたコツを実践するだけで劇的に変わる。その方法をフリーアナウンサーの魚住りえさんに教えてもらった。

"簡単なトレーニングでいい声と話し方が手に入る"

自己流の話し方では内容が伝わらない

商談やプレゼン、電話での受け答えなど、ビジネスの現場で「上手に話ができない」「滑舌が悪い」などと、話し方に関する悩みを持つ人も多いだろう。

「自分の話し方にコンプレックスを持つ人にぜひ知ってもらいたいのが、『声も話し方も、ちょっとしたコツで劇的に変わる』ということです」と魚住さん。

とはいえ、私たちは学校でも会社でも「話し方」をトレーニングする機会はほとんどない。

「多くの人が自己流で話をしているのですが、せっかくいい内容をしゃべっているのに、声や話し方が悪いせいで相手に伝わらない……これほどもったいないことはありません」

いい声で話せば人生と仕事がうまくいく

「話し方」というと、一般的には話す内容そのものに重きが置かれる。しかし、魚住さんはまず、そ

仕事がうまくいく 魚住式メソッドの3つの柱

1 声

まずは声の出し方をマスター。「腹式呼吸」「共鳴」「滑舌」をトレーニングすれば、相手が聞き取りやすい声になる。

- 腹式呼吸で話す
- 共鳴を覚える
- 滑舌をよくする

▼

聞き取りやすい声が出せる

2 話し方

次に、声の高さ、スピード、抑揚を変えられるようにし、語彙も増やして表現力を磨くことで、状況に合った伝え方ができる。

- 声に高低をつける
- 抑揚をつけて話す
- ボキャブラリーを増やす

▼

言いたいことが相手に伝わる

3 会話のコツ

最後にコミュニケーションのしかたをマスター。初対面の相手とうまく話す方法、よりよい人間関係の築き方などを覚える。

- 状況に応じて話し方を変える
- 相手とよい関係をつくる

▼

コミュニケーション力がアップする

の場にふさわしい「声」を出すことに焦点を当てる。

「ちょっとしたコツで、相手が聞きやすい『いい声』になっていきます。さらに、状況に合わせて声の大きさやスピードを変えたり、抑揚をつけたりすれば話に説得力を持たせられます」

いい声で話す力を手に入れると、人生においてさまざまなメリットが得られるという。

「私のレッスンを受けていた方は、最初は声も小さく、また性格も暗い印象を受けました。やがて口角を上げた笑顔の表情で話せるようになり、声量も上がりました。それによって、会社で栄転が決まるなど、人生がよい方向にまわり始めたのです」

声と話し方が変われば、他人を惹きつける魅力のある人になれる。言葉に対する感受性が高まり、語彙も増えていく。さらに上達すれば、プレゼンや会議、営業トークなど、仕事で成果があがるようになるのだ。

「いい声で話すことは、ビジネスやプライベートで、一生涯の武器となってくれるはずですよ」

魚住さんの著書

たった1日で声まで良くなる話し方の教科書
東洋経済新報社／1,404円
プロのアナウンサーが「声の出し方」と「話し方」を指南。まわりから信頼され、仕事も人間関係もうまくいく。

声

いい声が手に入る簡単トレーニング

ここでは「いい声」が出せるようになるトレーニングを紹介。誰でも簡単に取り組めるので、今日からでも始めてほしい。

「いい声」を出すための3大ポイント

POINT 1 腹式呼吸で話をする

十分に空気を出し入れすることで、「いい声」が出せるようになる。

POINT 2 きちんと共鳴させる

きちんと声帯を震わせ、口の中で共鳴させることで、「いい声」になる。

POINT 3 滑舌よく言葉を発する

口を適切に動かして言葉を発することで、話が伝わりやすくなる。

声の出し方をトレーニングし状況によって使い分ける

「いい声」は話し方の基本だ。たとえば、声が小さければ、自信がなさそうに見える。内容がどんなにすばらしくても、相手に伝わらなくなってしまう。

「『声』は洋服と同じだと思っています。男性なら仕事にはスーツにネクタイで出かけますが、散歩やショッピングに行くときはカジュアルな服に着替えますよね。声も状況によって使い分けていくべきなのです」

では、どうすればいい声が出せるのか。ポイントは3つだ。まず、肺にたっぷりと空気を出し入れする呼吸（＝腹式呼吸）で話すこと。次に、口をきちんと開けるなどして声を共鳴させること。そして、舌や顔の筋肉をうまく動かして滑舌よく言葉を発することだ。

「簡単なトレーニングで腹式呼吸、共鳴、滑舌をきたえられます。洗顔のときやトイレの中、テレビを見ながらなど、自分のできる範囲でいいので、毎日の習慣にしてください」

いい声が手に入るトレーニング 1

腹式呼吸

腹式呼吸は、肺を縦（下）方向に広げて、大量の空気を取り込む呼吸法。声がエネルギッシュになり、それが聞きごこちの良さ、安心感につながる。

腹式呼吸トレーニング 1

Step 1 壁に背中をつけてまっすぐ立つ

背中を壁につけ、足を肩幅ぐらいに開いて立つ。このとき、首と肩の力は抜き、上半身はリラックスした状態にしておく。片手はお腹に添えて、腹筋に意識を集中させるといい。

壁
力を入れず
リラックス

Step 2 ゆっくりと息を吐く

まずは息をゆっくりと吐くことから始める。口から「フゥー」と息を吐きながら、お腹をゆっくりとへこませていく。息を吐き切って、腹筋をギリギリまでしめる。

フゥー
息を吐いて
お腹を
へこませる

Step 3 ゆっくりと息を吸う

次に、鼻から空気を一気に吸い込む。このとき、お腹をゆるめるのと同時に腹筋を使って、意識的にお腹を膨らませていく。肩に力が入らないように注意しよう。

スゥー
鼻から吸って
お腹を
膨らませる

Step 4 Step 1～3を10回ほどくり返す

Step 1～3をくり返す。はじめは10回くらいを目処とし、少しずつ回数を増やしていく。慣れてきたら、3→2と「吸う」ことから始めてもいい。

注意

肩や胸は動かさないこと。とくに男性は息を吸うときに肩や胸の筋肉を動かしがちなので要注意だ。背中の筋肉を下げる気持ちで行うといい。

　イラスト：エイイチ　http://a-ichi.jp/

腹式呼吸トレーニング❷

Step 1 仰向けに寝て自然に呼吸する

腹式呼吸の感覚をつかむため、仰向けに寝て自然に呼吸してみよう。お腹が上下しているのを感じるはずだ。じつは、人は寝た状態ではたいていが腹式呼吸になっている。

腹式呼吸の
感覚を覚える

Step 2 口から吐いてお腹をへこませる

口で息を吐きながらお腹をへこませてみよう。背中が床に固定されているため、体の前面だけが呼吸で変化するのがわかるはずだ。

お腹の動きを
意識する
フゥー

Step 3 鼻から吸ってお腹を膨らませる

鼻から息を吸いながらお腹を膨らませる。Step 2～3はお腹に重たい本などをのせて行うと、動きをより意識しやすくなる。

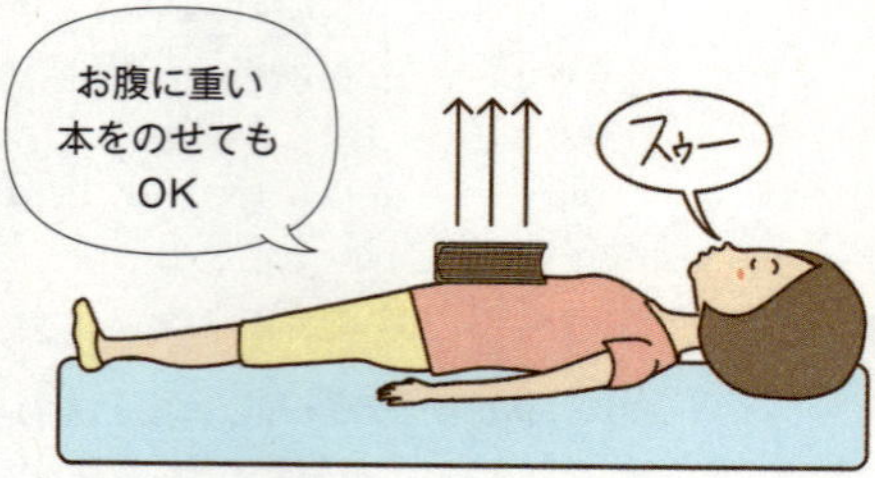
お腹に重い
本をのせても
OK
スゥー

こんなトレーニングも!

ここでは、無意識でも腹式呼吸ができるように、体に覚え込ませるトレーニング法を紹介しよう。

中短音トレーニング

右の「長音トレーニング」と同様に立ち、今度は短めに「アー、エー、イー、ウー、エー、オー、アー、オー」と声を出す。腹筋を使って１音ずつバウンドさせるように息を吐くのがコツ。ア行～ワ行を行う。

長音トレーニング

肩幅ぐらいに足を広げ、お腹に軽く手を当てて立つ。腹式呼吸で膨らませた腹を少しずつへこませながら「アーーー」とできるだけ大きく長く伸ばす。男性は20秒、女性は10秒が目安。これを３～４回。

いい声が手に入るトレーニング②

共鳴

声の高低は、声帯を通った空気をどこで共鳴させるかで変わる。聞き取りやすい声を探し、状況によって共鳴を使い分けよう。

共鳴トレーニング

発声力

Step 1 一番聞き取りやすい声を見つける

人差し指と中指をそろえて、鼻先に軽く触れる。そして、口を閉じたまま「ム〜〜〜」とハミングしてみよう。さまざまな音の高さを試し、鼻先の指が細かく振動するのが聞き取りやすい声の高さだ。

ム〜〜
鼻先に触れて
ハミング

Step 2 一番いい低い声を見つける

ノドに指を添え、Step1と同じ要領でハミングしながら、音を探っていくと、かなり低いところで振動するはず。これは、少人数またはひとりの相手に大切な話をするのに適している声の高さだ。

ム〜〜
ノドに触れて
ハミング

Step 3 一番いい高い声を見つける

手のひらを頭かおでこに軽く添え、Step1と同様にハミングして、振動する声を見つける。裏声ではなく地声でもっとも高い声を出そう。たくさんの人の前で注目を浴びたいときなどに使う声だ。

ム〜〜
額に触れて
ハミング

滑舌

話す前に口のまわりの筋肉をほぐし動かしやすくするなど、しっかりケアを行えば、滑舌を改善することができる。

滑舌トレーニング

Step 1 ストレッチで舌の動きを円滑に

口は閉じたまま、舌で口のまわりと歯茎を舐める。逆回りも同様に。それぞれ3セットずつ。

3 セット

▼

舌を横に出して左右に動かす。これを往復10回。

往復 10 回

▼

往復 10 回

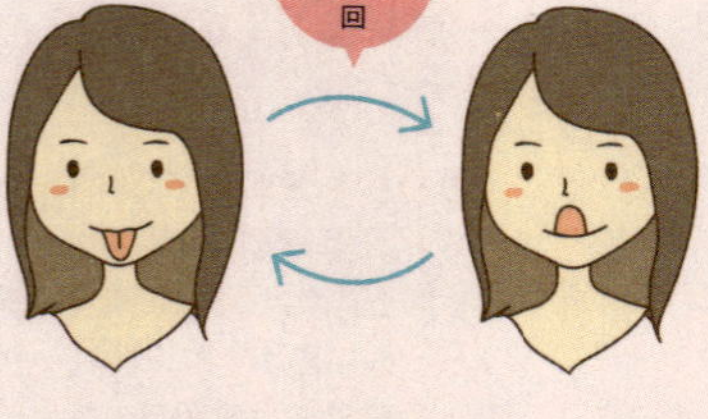

舌を思いきり出して、上下に動かす。これも往復10回行う。

Step 2 スピーチの本番前にウォーミングアップ

「パパパ……」「マママ……」「タタタ……」「カカカ……」「ラララ……」と、しっかり口を動かして発音する。少しずつ速く、長く言えるようにしていく。

▼

「プルプルプルプル……」と、唇を軽く閉じて、小刻みに振動させる（プレゼンの本番前などは、唇が乾燥しないよう注意する）。

▼

「ルルルル……」と巻き舌をする。

▼

冬場の乾燥する時期にはリップクリームを。肌に乳液を塗るのも効果あり。

▼

プレゼンの本番前などは、頬の筋肉を上下させながらマッサージするのも有効。

Step 3 基本の「口」の形を徹底的に体に覚えさせる

鏡を見ながら、多少オーバー気味に口を動かそう。顔の筋肉がきたえられ、ふだんの会話でも自然に口が動くようになる。

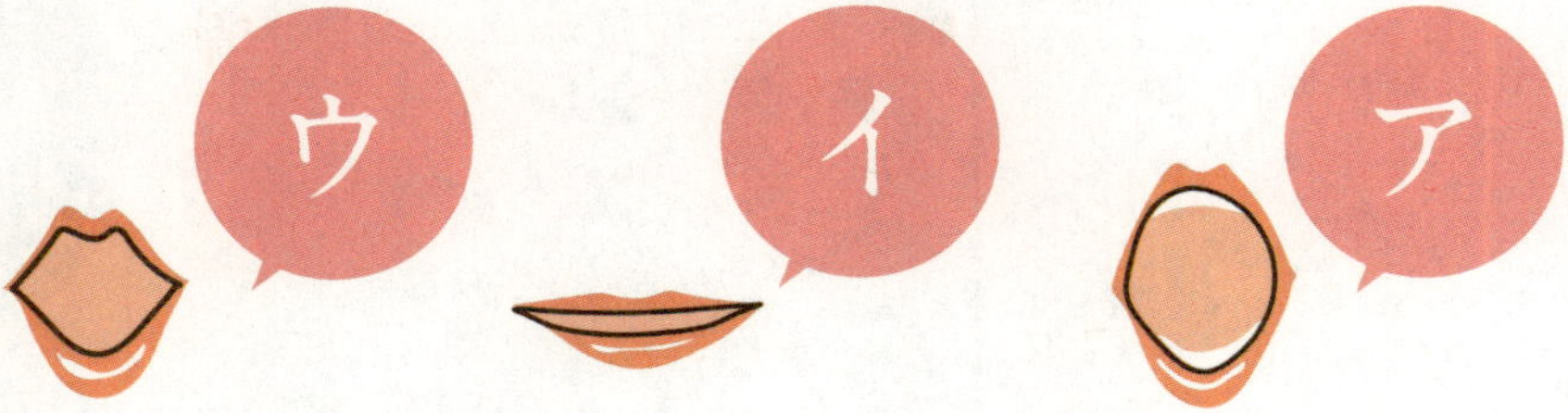

チューの形で
口をすぼめるが、
少しゆるめる。

口の両端を
思いきり
横に引っ張る。

上下の歯が
見えるくらい大きく、
丸く口を開ける。

「ア」と「ウ」の中間程度に
丸く口を開ける。

「イ」の形から、
下唇だけを下げる。

Step 4 応用エクササイズで口をリフレッシュ

基本の「口」の形を覚えたら、下のように口を動かす。回数などは自由。
好きな場所・時間に取り組もう。

exercise 1

目元をゆるめて、
笑顔で。ただし、
口の動きははっきりと。

イ → ウ
イ → エ
ア → エ

exercise 2

目を見開いて、
口の形を顔に
覚えさせる。

ア → オ
ア → ウ
ウ → エ

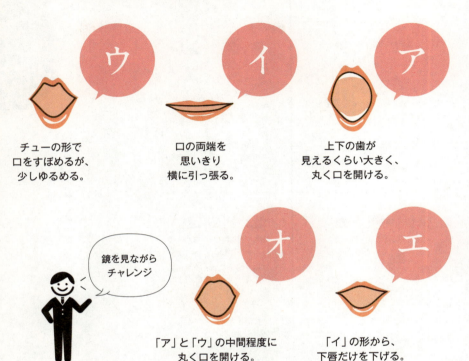

声

話し方

話が伝わりやすい声の操り方

「いい声」が出せるようになったら、今度は声の高さや速さに注目しよう。これらを状況によって使い分けることで、話が伝わりやすくなる。

話し方の4つのタイプ

声のトーン：高 ／ 低
スピード：遅 ／ 速

高い声 × 遅い

ほんわか、おおらか、癒し、やさしい、母性的

高い声でゆっくり話すと、大らかでほんわかしたイメージに。母性的で暖かく包んでくれるような安心感を与える。

有名人

山口もえ、安めぐみ、滝川クリステル、浅田真央

高い声 × 速い

元気、明るい、エネルギッシュ、若々しい、押しが強い

高い声でスピーディに話すと、元気で明るくエネルギッシュなイメージになる。男女ともに若々しい印象を相手に与える。

有名人

明石家さんま、高田明（ジャパネットたかた元社長）、堺雅人、神田うの

低い声 × 遅い

低い声でゆっくりと話すのは、落ち着いた癒し系。父性を感じさせ、悩みごとの相談にものってもらえそうなイメージ。

有名人

中尾彬、向井理、江守徹、渡部陽一（戦場カメラマン）

落ち着いている、癒し、父性的、頼れる

低い声 × 速い

明晰で信頼感のあるクールなイメージに。ビジネスシーンで話すときに最適。仕事ができる人は実際にこのタイプが多い。

有名人

木村拓哉、クリス・ペプラー、小泉進次郎、竹野内豊

仕事ができる、信頼できる、明晰、クール

理想の話し方を見つけ声の出し方の参考にする

声の高さやスピードを的確に操れるようになるには、有名人でも身近な人でもいいので、自分にとって「理想の話し方」を見つけることが大切だという。「理想の話し方が見つからないなら、YouTube などで検索して、政治家や落語家の話し方を参考にするといいですよ」

理想の声の出し方を真似ることで、的確に声を使い分けられるようになっていくはずだ。

シチュエーション別
声の使い分けテクニック

声の出し方をどう変えていけばいいか。状況ごとにコツを紹介。

case 大勢の前で話すとき

「高い声」で注目を集める

高い音、高いテンションは、人の注意を集める効果がある。ただし、相手が疲れないよう、安心感・ゆったり感を与える低い声（低いテンション）も織り交ぜよう。

POINT **聴衆の様子を見ながら「低い声」も織り交ぜていく**

case 明るい印象を持たれたい

「笑み」をつくって話す

口角を上げ、同時に口を横方向にも開いた「笑顔」の表情で話してみよう。これだけで感じのいい、やさしい話し方になり、声も聞き取りやすくなる。

POINT **「低い声」でも、感じのいい、やさしい印象になる**

case 電話で話すとき

「低い声」で相手の緊張を和らげる

声が高すぎると相手が疲れてしまうので、意識して声を下げる。ただ、声が低いと暗い印象になりがちなので、口角をきちんと上げて、口元を緊張させておこう。

POINT **暗い印象にならないよう口角を上げておく**

case 話に説得力を持たせたい

「ノドから声を出す」イメージで話す

話に説得力を持たせるには、少し低めの声がいい。唇がノド仏にあり、そこから言葉を発するイメージで声を出すと、自然に声が低くなる。

POINT **自然に声が低くなり、話が届きやすくなる**

case 相手に好印象を与えたい

「口角」を上げて話す

口を縦に開けてしまうと、野太い、堂々としたイメージになる。相手に好印象を与えるには、反対に「口角を上げて横に開く」ことを意識しよう。

POINT **口を縦ではなく、横に開くように意識する**

話し方が劇的によくなる朗読のコツ

話し方をグレードアップさせるには、朗読が最適のトレーニングだ。自分の好きな原稿を用意したら、さっそく始めよう。

朗読で身につく力

ボキャブラリー

言葉を声に出して発音すれば、脳に蓄積されやすくなる。言葉の使い方も覚えるため、状況に応じて取り出せるように。

言葉の反射神経

言葉が脳に強烈にインプットされる。さらに、感受性が磨かれることで、その場にふさわしい言葉をすばやく選び出す能力が高まる。

朗読の力を高める3ステップ

Step1 黙読

文章の意味を理解し、状況を思い浮かべながら読み進めていく。

Step2 音読

内容を理解したら、97ページのようなプランを考えながら音読する。

Step3 朗読

「音読」で立てたプランを実践する。くり返し行うことが大切。

強調・抑揚・メリハリを朗読でトレーニング

人の共感を呼ぶ話し方は、言いたい部分が上手に強調され、ほどよい抑揚があり、メリハリがついている。このような話し方をするのに、朗読は最適なトレーニングだという。

「文章をただ読むのは『音読』ですが、声にさまざまな色や音をつけていくのが『朗読』です」

自分の朗読は必ず録音して、改善点を探る。朗読と録音を何度もくり返して力をつけよう。

音読プランの立て方のコツ

内容を理解したら、重要な箇所を強調したり、抑揚をつけたりしながら読んでみよう。

POINT

全体の流れをつかむ

強調・抑揚のマーキングが終わったら、あらためて文章の構造、段落のつながりを確認する。

POINT

強調する箇所をマーキング

強調したい（重要だと思われる）単語やフレーズに□印をつける。

声色をつける際のイメージ例 ▶

「『失敗』をビジネスに」　朗読用原稿

失敗した経験がない、という人はこの世にひとりもいません。もしいるとすれば、その人は何も行なっていない人です。失敗や逆境の中には、それに相応しい、あるいは、それ以上の、大きな利益の種が含まれています。そう、失敗の中には、チャンスの芽が埋まっているんです。

会社を倒産させてしまったベンチャー企業家がいます。彼は、IT事業を立ち上げ、順調な滑り出しをみせていました。しかし、金融機関からの十分な融資を得られず、会社は倒産してしまいました。残ったのは、億単位の借金でした。

しかし、彼はそれで終わらなかったのです。事業がなぜ失敗してしまったのかを、本にして出版しました。日本でベンチャー企業が育たない原因は何なのかを、この本は浮き彫りにしました。この本は飛ぶように売れました。彼は、マスコミから脚光を浴び、講演会やビジネススクールの非常勤講師として招かれるようになり、現在はある会社の取締役にも就任しているのです。

羽ばたいているような（飛ぶように）

巨額の損失、重々しさ（億単位の借金）

重大な事件、予期せぬこと（倒産）

フラッシュが光る（脚光を浴び）

ナポレオン・ヒル『思考は現実化する』（きこ書房）

POINT

抑揚をつける部分をマーキング

力を入れるところ、抜くところをうまく使い分ける。「抑揚」をつけると、相手は聞きやすくなり、内容にも興味を持ってもらえる。具体的には右のようなテクニックを駆使しよう。

高い声を出す	高い声は強いエネルギーを持っているため、言葉を際立たせる。
ゆっくりと話す	ゆっくりと念を押すように発音すると、聞き手はそこが重要だと認識する。
間をとる	話の途中で沈黙があると、聞き手は注意を引かれ、思わず身をのり出す。
強く発音する	音量を上げると、その言葉が重要に聞こえる。重要度によって音の大きさを変えてもいい。
声色をつける	暗い言葉は暗く読むなど、言葉のイメージから、声にニュアンスを付加する（上の図を参照）。

話し方

仕事がうまくいく会話のテクニック

ビジネスの現場で使える「話し方」の実践テクニックを紹介。
ちょっとした心がけで仕事や人間関係がスムーズになるはずだ。

case

わざと知らないふりをする

相手が何を言うかわかっていても、あえて知らないふりをしながら質問をし、多くしゃべってもらう。そこから話題が広がり、新たな情報を引き出せることもある。

POINT **相手に話してもらい情報を引き出す**

case

あいづちはあえて声を出さない

「はい……はい……」と機械的にあいづちを打つと、相手に不快感を与える場合もある。あえて声を出さないようにすることで、やさしい印象を与えられる。

POINT **黙ってうなずくと好印象**

case

電話のそばに子どもやペットの写真

電話の声はどうしても暗めに聞こえがち。たとえば、子どもやペットなどの写真に話しかけるように電話をすると、自然と笑顔になるので、声も明るくなる。

POINT **早口にならず声も明るくなる**

case

話すときに体を揺らさない

話しながら体を揺らすと、「落ちつかない、焦っている」というマイナスの印象を与えてしまう。スピーチやプレゼンのときは致命的なので、注意が必要だ。

POINT **落ちつきのある印象に**

case

プレゼンは腹式呼吸

プレゼンやスピーチの前は誰でも緊張するが、極度の緊張は失敗を招く。じつは腹式呼吸は、いい声を出すだけでなく、緊張をやわらげる効果もあるのだ。

POINT **緊張がやわらぎうまくいく**

case

「え〜」「あの〜」の口グセをやめる

話の冒頭に発する「え〜」「あの〜」「えっと」などは、聞く側には耳障りなフレーズだ。意識してこれらのフレーズをなくすだけで、理知的で落ちついた印象が増す。

POINT **話が聞きやすく知的な印象に**

タイプ別

身近な人の攻撃をさっとかわす方法

会社によくいる「つきあいにくい人」のふるまいにうまく対処し、
仕事をスムーズに進める方法を紹介。

監修：澤野 弘（NPO法人日本サービスマナー協会 理事長）

TYPE 1
怒りっぽい人

P.100

TYPE 2
悪口を言う人

P.102

TYPE 3
ウソをつく人

P.104

TYPE 4
ネガティブな人

P.106

TYPE 5
神経質な人

P.108

TYPE 6
自慢ばかりする人

P.110

TYPE 7
おせっかいな人

P.112

イラスト：速水えり

※学研プラス刊『使える! うまくいく! おつきあい・気くばり マナーの便利帖』の内容を一部再構成して掲載しています。

身近な人の攻撃をさっとかわす方法

TYPE 1

怒りっぽい人

ちょっとしたきっかけで声を荒らげたり、乱暴な言葉使いをしたりして、怒りを爆発させる人がいる。真正面から対応せずに関係の改善をはかろう。

怒りっぽい人の心理

自信がない
不安がある
刺激
余裕がない
落ち着かない
怒り

怒りっぽい人は、他人の言動、あるいは
自分自身のふるまいに不快感を覚えると、
それが「刺激」となって、つい怒りを爆発させてしまう。

相手のストレスをやわらげ怒りを未然に防ぐ

誰でも感情的になってしまうことはあるが、つねに他人に対して攻撃的な態度をとるのは問題。相手が同僚や後輩であれば、やんわりとたしなめることもできるが、上司の場合は、反論しても「生意気」と思われ、それが新たな怒りのきっかけになってしまう。

怒りっぽい人は、つねにストレスをかかえ、心に余裕がない。そこで、日ごろから相手のストレスをやわらげる対応をすることを心がけよう。怒りの矛先が自分に向かうのを未然に防げる。

また、相手の怒りが自分に向かってきても、感情的な言葉を返すのは避けよう。怒りを増幅させるだけだ。関係がますます悪化し、職場の雰囲気も悪くなる。どうしても納得のいかない場合は、相手の怒りがおさまったあと、冷静に、論理的に反論しよう。

かわし方・受け方

1 相手のストレスをやわらげる

相手の日ごろの言動から、心にどんな不安や緊張をかかえているのか探ろう。仕事がうまく進んでいないのか、重要な取引を控えているのか、上司・部下との関係がよくないのか……。ストレスの原因がわかったら、それをやわらげる言葉をかけよう。相手に関心を示すだけでも、その人にとってはストレスの解消につながるのだ。

かわし方・受け方

2 怒りを受け止めて冷静に反論する

相手が怒りを爆発させてしまったら、冷静に反論するのもひとつの方法。ここで注意したいのは、自分はあくまで冷静さを保つこと。一緒になって怒りをぶつけてしまえば、反発し合うだけになり、関係はますます悪化してしまう。いったん相手の怒りを受け止めたあと、「なぜ怒られているかわかりません。理由を教えていただけませんか？」と、冷静に反論してみよう。

かわし方・受け方

3 時間と距離を置く

怒りの感情は長く続かず、せいぜい30秒程度と言われている。いったんその場を離れ、時間を置くだけでも、相手の怒りはおさまっていく。怒りっぽい相手には、いたずらに怒りを静める努力をするよりも、自然に怒りがおさまるのを待つほうが得策だ。

TYPE 2

悪口を言う人

多少の悪口はコミュニケーションの一種と考えることもできる。しかし、度が過ぎる場合は、ポジティブな言葉を投げかけて対応しよう。

悪口を言う人の心理

相手を下げて
自分を上げようとする
自分
相手

悪口を言う人は、
他人が「自分より下である」と周囲に認めさせることで、
自分の評価を高めようとする。

自分自身を高めるよう前向きな言葉をかける

気心の知れている同士でランチやお茶をしていると、話の流れで他人の悪口が出ることもあるだろう。しかし、その度を超えて、どんなときにも悪口を言う相手には注意が必要だ。相手に調子を合わせていると、自分も「悪口を言う人」と評価されてしまい、まわりからの信用を失ってしまう。

悪口を言う人は、他人に自分を認めてもらいたいのに、自分には自信がない。他人が自分より劣っているとまわりにふれまわることで、自分を高めようとしているのだ。

悪口を言う人には、相手が自信を持てるような前向きな言葉をかけてみよう。その人のスキル・能力を高めるようなアドバイスをすれば、他人ではなく、自分自身に興味の対象が移る。アドバイスしたことを感謝してもらえれば、相手との関係も良好になっていく。

かわし方・受け方

1 悪口をたしなめる

自分が悪口を言っていることに気づいていないケースもある。まずはやんわりと相手の言葉をたしなめて、自覚をうながしてみる。そのうえで「こんなふうに言うこともできますよ」と伝え、相手のネガティブな表現をポジティブな表現に言い換えるようにしてみよう。

ネガティブ	▶	ポジティブ表現の言い換え
気が小さい	▶	謙虚な
強引な	▶	リーダーシップがある
行動力がない	▶	じっくり考える
仕事が遅い	▶	仕事が丁寧な
しつこい	▶	粘り強い
視野が狭い	▶	集中力がある
小心者	▶	慎重な人
性格が暗い	▶	落ち着いた
騒々しい	▶	活気がある
態度が横柄な人	▶	貫禄がある人
頼りない	▶	やさしい
独善的な	▶	竹を割ったような性格の
能力が劣る	▶	可能性を秘めた
無愛想な人	▶	クールな人
無礼な人	▶	ものおじしない人
優柔不断な	▶	思慮深い
理屈っぽい	▶	論理的な

かわし方・受け方

2 よいところをほめる

他人の悪口を言うのは、「自分を認めてほしい」と思っていることが原因なので、相手のよいところを見つけ、ほめてあげよう。「資格試験に挑戦してみたら？」「もっと時間をかけて取り組んでみよう」など、その人の長所を伸ばすような働きかけをする。他人をおとしめるのではなく、自分自身を高めることに興味が持てれば、悪口を言うこともなくなるはずだ。

勉強会に
参加すると
いいかも

Check!

巻き込まれないようにすることも必要

他人の悪口を言うのがクセになってしまっている人は、「あなたもそう思うでしょ?」などと同意を求めてくることがある。関係を壊さないように、うっかり「私もそう思う」と答えてしまうと、別の人に「あの人はこう言っていたよ」と、あなたの悪口を伝えられてしまうかもしれない。相手に合わせて受け流し、口をすべらせてしまわないように注意しよう。

わたしも
あの人嫌い
でしょ?

適当にあいづちを打つだけにして、自分は悪口を言わないように。

TYPE 3

ウソをつく人

仕事に支障が出ないウソは、真偽もはっきりしないことが多く、率直に「やめてください」とは言えない。自然にウソをつかなくなるように導こう。

ウソをつく人の心理

自分のイメージと他者の評価とのギャップに悩み、それを埋めようとして、ウソをついたり、作り話をしたりする。

相手の持っている理想を現実に近づける

相手のついたウソによって誰かが傷つけられたり、会社に損害が出たりしないかぎりは、真正面から非難できないかもしれない。

相手は、理想とする自分の姿と現実とが異なっていることに悩み、そのギャップを埋めるためにウソをつくので、理想と現実が近づくような対応が望ましい。相手の持っている理想が高すぎることが問題なので、まずは自分からダメなところを話して「人は完璧でなくてもよい」と考えてもらおう。

また、ミスや失敗を自分から謝ることで、「お互い様」と思えるような関係を作ることも大切。「誰でも間違うことがある」とわかれば、自分の欠点も素直に認めてくれるだろう。

理想と現実のギャップに悩まなくなれば、現実の自分を高めようと、自己研鑽に励むようになる。

かわし方・受け方

1「自分のダメな部分」を相手に積極的に伝える

自分の欠点や失敗を相手に話し、「人は完璧でなくてもよい」と気づかせよう。「私は段取りが悪くて、なかなか仕事が片づかない」「お客様からうまく要望が聞き出せない」など、自分のダメな部分を伝えることで、相手も「私もそれはニガテだな」などと、自分の欠点を認めることができる。理想と現実のギャップが小さくなれば、ウソをつく必要もなくなるはずだ。

かわし方・受け方

2 ミス・失敗を自分から謝る

自分のミス、不手際、無礼なふるまいなど、ささいなことを相手にわびてみよう。すると、相手も「自分の失敗は隠さなくてもいいんだ」と思えるようになる。「いや、こちらこそ申し訳ありません。じつは私も……」などと、ミスを認めるようになれば、ウソや作り話で自分をとりつくろう必要がなくなる。

Check!

ウソを全否定するのはNG

相手のウソを見破ってやろうと躍起になったり、ウソを指摘するのは得策ではない。仮にウソであることが明らかになっても、相手がそれを認めるとはかぎらないし、怒りを爆発させてしまうかもしれない。また、真偽を確かめようがないケースもある。ウソをとがめるのではなく、ウソをつく心理を想像して、対応しよう。

ウソをつく人へ言ってはいけない
NGワード

- ☑ それはウソでしょう
- ☑ 証拠を見せてくださいよ
- ☑ あのときはそんなこと言ってなかったじゃないですか
- ☑ そんなウソを言うと、いつか自分が損をしますよ
- ☑ あなたのこと誰も信用しなくなりますよ

TYPE 4

ネガティブな人

ネガティブな人がいると、職場全体の雰囲気が悪くなり、そのために仕事が滞ってしまうことも……。相手の意識を変え、職場の雰囲気を明るくしよう。

ネガティブな人の心理

よい面

Good
- 物事に慎重である
- 準備を怠らない
- 先読みができる

悪い面

Bad
- 柔軟性がない
- 物ごとが進まない
- 他人のやる気をうばう

心の中にある不安感や心配事を過度に意識してしまう。
これにはよい面と悪い面があるが、
よい面を活かせるよう働きかけよう。

相手の持っている理想を現実に近づける

ネガティブな人は、もともと仕事の能力の高い場合が多い。全体を見渡しながら物ごとを考えたり、先の展開を予想しながら仕事を進めたりすることにたけている。だからこそ、少しでも不安があると、それを心の中で大きくしてしまうのだ。まわりの人はデメリットばかりに着目しがちだが、相手のよい部分を活かし、仕事に役立てていくほうが建設的だ。

もともと能力は高いので、いろいろな仕事を任せてしまおう。このとき、相手の仕事に対する自信が不安感を上回るように「あなたに任せたい」「あなたならできる」といった前向きな言葉を投げかけてみよう。

実際に仕事でよい成果が出たら、相手の力であることをきちんと認め、まわりにも知らせること。仕事に対する不安が軽くなれば、自然に前向きな考え方ができるようになるはずだ。

かわし方・受け方

1 個性として認めて力を借りる

もし一緒に仕事をしている相手がネガティブな人なら、相手の欠点には目をつむり、よい部分だけに着目して、言葉をかけてみる。仮に仕事が遅れたとしても、「あなたがいたから最後までやり遂げられた」「あなたのおかげでお客様に喜ばれた」などと、よい点だけをほめる。ほめることで不安がなくなれば、心強いパートナーになってくれるはずだ。

あなたのおかげで
成約しました

かわし方・受け方

2 ポジティブな言葉で打ち消す

相手がネガティブな人なら、自分からポジティブ思考をアピールするのもひとつの方法だ。「どうしよう？ 締切まであと３日しかない」とうしろ向きな発言に対しては、「３日もあれば十分ですよ」と、自分の本心ではなくても「楽観的な人」を演じるわけだ。相手の心にある心配や不安がそれによって解消されれば、その人が本来持っている実力を発揮できるようになる。

［ポジティブな返し方の例］

忙しくて仕事が手につかない

あなたが優秀だから仕事が集中するんです

会議であんな発言しなければよかった

これであの人のNGワードがわかりましたね

どうしてあんな失敗をしたんだろう？

注意すべきポイントがはっきりしましたね

Check!

いたずらに不安をあおるのはNG

マイナス思考の人が心の中にかかえている不安や心配をさらにあおるような言葉をかけるのはNGだ。「本当に大丈夫？」「失敗しないように気をつけてくださいよ」などは禁物。たとえそれが親切心から発した言葉であっても、言われた相手はますます不安になってしまう。また、「いや、その考えは間違っている。なぜなら……」などと、冷静に議論をしかけるのも控えよう。「そんなはずはない……」と、相手が意固地になれば、逆効果だ。

本当に
大丈夫？

たとえそれが真実であっても、不安をあおることは言わないこと。

TYPE 5

神経質な人

神経質な人は、他人に過剰に干渉するため、まわりの人の迷惑になっている場合がある。そんなときは、他人の言動が気にならなくなる状況を作るように心がけてみよう。

神経質な人の心理

ルールややり方が、自分の「枠組」にある状態を理想と考える。
枠組からはずれる状態が続けば、
イライラを募らせ、怒りを爆発させてしまう。

他人のやり方が気にならなくする

神経質な人が、他人の言動や仕事のやり方を気にするのは、仕事に対して真剣に向き合っているからなので、その姿勢は尊重したいところ。問題は、自分の気に入らないことがある場合に、他人に対して攻撃的になるという点だ。これを解決する方法は2つある。

ひとつは、神経質な人とは異なる方法で仕事をしている人に目を向けさせる方法。たとえば、適度に力を抜き、要領よく仕事をこなしている人でも、きちんと成果をあげていることに気づかせるのだ。

もうひとつは、関係を先に築いてしまうという方法。仕事上の借りを作ったり返したりして、「ギブ・アンド・テイク」の関係を作ってしまえば、意に反していても真正面から非難しにくくなる。また、あえて相手のペースに合わせることで、怒りを爆発させることもなくなる。

かわし方・受け方

1 価値観の異なる人をほめる

仕事のポイントとなる部分を見きわめて力を注ぎ、ほかは力を抜く……。そんなふうに要領よく仕事をこなし、周囲の信頼を集めている人がいる。仕事において、すべての面で完璧主義をつらぬくことはできない。要領のいい人を目の前でほめ、神経質な人とは対局にある仕事観・価値観を認めてもらうように努力しよう。

かわし方・受け方

2 ギブ・アンド・テイクの関係を作る

神経質な人は、自分の枠組からモノや人が逸脱することがストレスになっている。そこに意識が向かないように、「ギブ・アンド・テイク」の関係を作ろう。

仕事を手伝ってもらう（借りを作る）

まずは、相手に仕事を手伝ってもらうよう頼む。本当は必要がなくてもかまわない。「借り」を作り、それを返さなければならない状況にするわけだ。

↓

仕事を手伝う（借りを返す）

今度は、こちらから相手の仕事の手伝いを申し出る。相手が断っても、「このあいだ手伝ってもらいましたから」などと言って、多少強引に「借り」を返すのだ。

↓

協力体制ができる

仕事上のよいパートナー同士になってしまえば、相手の枠組からはみ出すことがあっても、もはや気にならなくなり、指摘されることもなくなるだろう。

Check!

神経質な上司には先回りをする

上司や取引先の担当者が神経質な人なら、相手の価値観を変えようとせず、相手のやり方に素直に従ってしまおう。どんな理想を持っているかを見きわめ、先回りをしてそれを実践してしまうのだ。最初は、心の中まで見通すのは難しいかもしれない。しかし、イライラする余地を与えないように行動しているうちに、信頼関係が生まれてくる。信頼関係があれば、自分の意見にも耳を傾けてもらえるようになる。

信頼関係が生まれれば、相手のストレスもやわらぐ。

身近な人の攻撃をさっとかわす方法

TYPE 6

自慢ばかりする人

自慢話を何度も聞いているとうんざりするので、周囲の人は敬遠するようになる。しかし、そんな人ともうまくつきあうことで、学べることがある。

自慢ばかりする人の心理

プライドが高く
人より優位に立ちたい
プライド

自慢が好きな人は、プライドが高く、
他人より優位に立ちたいという思いから、
無意識のうちに自分を高める話をしている。

相手の自慢話を拝聴して学べることを探す

いくら自慢話をしても、それによって実害が出るわけではない。多くの場合、本人に悪気はないからだ。ただ、まわりの人は「また自慢話か」と敬遠するようになり、最悪の場合、その人が孤立してしまうということもある。

もし、自分が話し相手になった場合は、まずは素直に話を聞く努力をしてみよう。相手から信頼を得られたり、自分にとってメリットになる情報が得られたりするなら、相手の自慢話におつきあいすることにも意義があるはずだ。

また、自慢話が好きな人はプライドが高いので、それをうまく刺激しながら仕事をお願いすれば、期待に応えてくれるはずだ。自慢話を一方的に拒絶するのではなく、長所を認めて相手に頼るようにすれば、仕事でもプライベートでも心強い味方になってくれる。

かわし方・受け方

1 あいづちを打ちながら話を聞く

自慢する相手の姿を「ほほ笑ましい」と思うくらいの余裕を持ち、耳を傾けよう。適度にあいづちを打ちながら「あなたの話に関心がありますよ」という態度を示せば、不快な気持ちになることはない。プライドが高い人は、自分の話を聞いてもらえれば気持ちがよく、聞いてくれる人をよき理解者だと思うようになり、好意を持ってくれる。そうなれば、スムーズなおつきあいができる。

かわし方・受け方

2 有益な情報を引き出す

自慢話の中には、誇張はあっても、真実が含まれているという点に注目しよう。相手の話から有益な情報を引き出せるかもしれない。たとえば、専門知識を持っているなら素直に教えをこう、人脈を自慢しているなら人を紹介してもらう……など。「ぜひ教えてください」と、へりくだった態度で接すれば、相手の機嫌をそこねることもない。

かわし方・受け方

3 プライドを刺激して頼みごとをする

自慢ばかりする人は、自分の存在を他人に認めてほしいという思いを持っている。相手のプライドを刺激して、頼みごとをしてみよう。「○○さんしかできないと思います」などと、相手の実力を認めていることを示す言葉をかける。そうすれば、気持ちよく仕事に取り組んでくれるだろう。そこで成果が得られれば、お互いに信頼関係が深まる。

TYPE 7

おせっかいな人

おせっかいを全否定する必要はない。相手の気持ちを尊重しながら、適度に距離を保つようにすることで、良好な人間関係が保てる。

おせっかいな人の心理

他人と関わることでしか存在意義を見出せない

他人と関わっていないと、自分の存在意義がなくなってしまうという思いにとらわれ、他人の気持ちを考える余裕がなくなっている。

適度におせっかいを受け入れよい関係を保つ

おせっかいをする人には悪気がない。相手の厚意にもとづく行動なので、無下に断るのは失礼だ。おせっかいを否定すると、人格を否定されたと思われてしまうこともあるので、つきあい方に慎重さが求められる。

おせっかいな人は「他人と関わる＝自分の存在意義」と考えているので、まずはこれを尊重する。ただし、おせっかいを素直に受け入れることができない場合は、2つの対応のしかたが考えられる。

ひとつは、自分の可能な範囲で限定的につきあう方法。もうひとつは、関係性を別の方向にシフトしてもらう方法だ。いずれもおせっかいを否定することにはならないので、相手の人格を尊重することになり、人間関係を損なうこともない。

また、おせっかいは相手の厚意によるものなので、感謝の気持ちを忘れないようにしよう。

かわし方・受け方

1 趣味や関心事に限定してつきあう

どんな相手でも、自分と共通する趣味や関心事が見つけられるはずだ。自分の気持ちを犠牲にしてまで、無理につきあう必要はないが、良好な人間関係を保つには、適度なおつきあいを心がけよう。共通の趣味・関心事の範囲でおつきあいをしていれば、それ以外の関わりをお断りしても、角が立たない。

かわし方・受け方

2 別の人間関係を提案する

おせっかいな人は「他人と関わりたい」という思いが強いので、たとえば、下のような方法を提案してみよう。相手の思いが新しい人間関係で満たされるようになれば、過度に干渉されることは少なくなり、こちらも心に余裕を持ってつきあえる。

共通の趣味でつながっている人間関係なら、必ずしも「おせっかい」とは思われない。

\こんな提案がおすすめ/

❶ サークルやセミナーに参加する

共通の趣味や関心を持つ人が集まる場であれば、他人とのつながりをより強く意識することができる。

❷ SNSでつながる

twitterやfacebookなどで、ネット上に緩やかな関係を作ることでも、自分の存在意義を感じられる。

❸ ブログで情報発信

有益な情報を持っているなら、それをネット上で発信することで、より多くの人に喜んでもらえるだろう。

COLUMN

上司・先輩からの理不尽な命令は一度冷静になるのが得策

上司や先輩の命令が明らかに理不尽で従えない。
そんな場合はどうするか？　その場で反論すると、
相手からも感情的に言い返され、状況は改善しない。
下記の3ステップならば、命令の仕方を考え直してくれるはずだ。

Step 1 その場は素直に従う

当然、上司は自分の命令が（指示・依頼）間違っているとは思っていない。「従えません」と直接的に拒絶すれば、感情的に反発される。その場は、素直に命令に従おう。

Step 2 メールなどで相談する

頼まれた仕事が一段落したあと、気持ちを落ち着かせ、冷静に「命令」について考えてみる。それでも納得のいかない場合は、メールや文書などで、その旨を伝えよう。

Step 3 改めて話し合う

メールや文書を読んでもらったあと、改めて上司と話し合う。上司も自分の下した「命令」について冷静に判断できるので、次回から理不尽な指示はしてこなくなるはずだ。

お礼をする
おわびをする
ほめる
報告する
連絡する
相談する
電話を受ける
電話をとりつぐ
お願いする
主張する
お断りする
催促する

すぐに使える

できる大人のモノの言い方

ビジネスシーンで使いたいフレーズを場面別に紹介。
必要に応じて左のインデックスを活用しながら、
「できる大人」の言い回しを身につけてほしい。

監修：澤野 弘（NPO法人日本サービスマナー協会 理事長）

イラスト：速水えり

※学研プラス刊『使える！ 好かれる！ ものの言い方伝え方 マナーの便利帖』の内容を一部再構成して掲載しています。

“お礼をする”

何気ない感謝の言葉に「人となり」が表れる。
シチュエーションを考えて使い分けよう。

世話になったことを丁寧に感謝する

**お骨折りいただきまして、
ありがとうございました。**

これもOK　ひとかたならぬお世話になり、
ありがとうございました。

「お骨折り～」は「苦労をかけたこと」を察して感謝、「ひとかたならぬ～」は「並の程度ではない世話」に感謝する表現。改まった場で使う。

特別な感謝の意を伝える

**○○さん、
ありがとうございます。**

これもOK　ありがとうございます。
○○さんのおかげです。

「ありがとうございます」で弱いときは、前またはうしろに相手の名前をつけ加える。名前を呼ぶだけで特別な感謝の気持ちを伝えられる。

助けてもらったことを感謝する

知人・目下の人

**手伝ってくれて、
ありがとう。**

これもOK　○○さん、ありがとう。
本当に助かりました。

公私を問わず、知人や目下の人に対して使う言い回し。前またはうしろに名前をつければ、より丁寧な表現になる。

助けてもらったことを感謝する

目上の人

**ご助力《じょりょく》いただき、
御礼申し上げます。**

これもOK　ありがとうございます。
本当に助かりました。

目上の人に感謝の意を表すときの表現。改まった場では「ご助力いただき～」を使うと、より強い感謝の意を表せる。

深い感謝の気持ちをかしこまって伝える

**甚大《じんだい》なるご配慮をいただき、
誠にありがとうございます。**

これもOK　このたびのご配慮、
幸甚《こうじん》に存じます。

書き言葉として使ったほうが自然な言い回しだが、改まった場で使えばいち目置かれる。大人のフレーズとして覚えておこう。

深い感謝の気持ちをストレートに伝える

**感謝の気持ちで
いっぱいです。**

これもOK　なんと礼を申し上げてよいやら、
感謝の言葉もありません。

「なんと申し上げて～」は「多大な感謝の気持ちに、どう言えばいいかわからない」という表現で、「感謝の気持ちでいっぱい」と同じ意味。

打ち合わせに入る前に述べる感謝の言葉

**お忙しいところ
貴重なお時間をいただき、
ありがとうございます。**

これはNG　本日はどうも、
わざわざすみません。

一般的にアポイントをとった側が受けた側に対して述べる。上から目線の言い回しはさける。

相手のはからいに対して感謝する

目上の人

**ご尽力《じんりょく》いただき、
ありがとうございました。**

これもOK　お力添えいただき、
ありがとうございました。

目上の人に感謝の意を表すときに使う。「ご尽力」「お力添え」は、相手のはからい、配慮、手助けに感謝する言葉。

上司や先輩に指導してもらったとき

**勉強させていただきました。
ありがとうございます。**

これはNG　とてもためになりました。
ありがとうございます。

指導してもらったときは「勉強させて～」と謙虚に感謝の意を述べる。「ためになる」は目下の人に使う言葉なのでNG。

相談させてもらったことに感謝する

**ありがとうございました。
おかげで気持ちが晴れました。**

これもOK　肩の荷がおりました。
○○さんのおかげです。

感謝の気持ちとともに、「気持ちが晴れた」「肩の荷が降りた」と結果を報告して感謝すれば、相談されたほうも報われる。

品物・贈り物をいただいたときのお礼

**過《か》分《ぶん》なご配慮をいただき、
ありがとうございます。**

これもOK　どうぞお気づかい
なさいませんように。

目上の人から品物をいただいたとき「ありがとうございました」では足りないと感じたら、これらの言い回しを使って感謝の意を伝える。

特別なあつかいをしてもらったことへの感謝

**格別のおはからいをいただきまして、
御礼申し上げます。**

これもOK　無理を聞いていただき、
誠にありがとうございました。

「通常は認めてもらえないことを特別に認めてもらったこと」に対する言葉。格別でも無理でもないときに社交辞令として使う場合も。

気持ちをプラスして心から感謝の意を表すフレーズ

右の❶～❸はいずれも深い感謝を表す言葉。❶<❷<❸の順に感謝の深さは増す。「ここぞ」というときに使って自分の気持ちを表現しよう。

❶ 恩に着ます
❷ 足を向けて眠れません
❸ このご恩は一生忘れません

“おわびをする”

**謝罪や反省の言葉を述べながら、
相手の気持ちに配慮したフレーズをつけ加えよう。**

部下のミスに対して

**このたびは○○の件、ご迷惑を
おかけして申し訳ございませんでした。**

これもOK　**今後、このようなことがないよう
指導に努めます。申し訳ございません。**

他人のミスでも、会社や部署の代表として謝罪する。「○○の件」と具体的に述べ、「指導に努めます」と対策を添えると誠意が伝わる。

自分のミスに対して

**大変申し訳ございません。
以後、気をつけます。**

これもOK　**わたしの不注意でご迷惑を
おかけして申し訳ございません。**

「以後、気をつけます」と、今後とるべき態度を添えて誠意を表す。「わたしの不注意で〜」のように原因をつけ加えると、より丁寧になる。

遅刻しそうなときに連絡する

**大変申し訳ございませんが、
10分ほど遅れてしまうと思います。**

これもOK　**申し訳ございません。
○時には伺えると思います。**

「10分ほど〜」「○時には〜」と、到着時間の目安を伝えて、相手の気持ちをやわらげる。見込みより少し先の時間を告げるのがポイント。

遅刻したことに対して

**遅れまして、
大変失礼いたしました。**

これもOK　**お待たせして
申し訳ございません。**

言い訳をせず、まずはしっかり謝罪をする。そのあと「ご迷惑をおかけしなかったでしょうか」などと相手を気づかう言葉でフォローしよう。

説明不足を反省する

**私の言葉が足りず、
申し訳ありませんでした。**

これはNG　**ちゃんと申し上げましたが、
ダメですか。** ×

「私の言葉が足りず〜」と自分の非を認めて表現をやわらげる。NGの例のように、責め立てるような言い方は避けよう。

依頼を断るときに

**お役に立てず、
申し訳ありません。**

これはNG　**またいい話があったら、
声をかけてください。** ×

「お役に立てず」と残念な気持ちを強調する。「またいい話があったら〜」は今回の依頼を否定することになるのでNG。

お礼をする
おわびをする
ほめる
報告する
連絡する
相談する
電話を受ける
電話をとりつぐ
お願いする
主張する
お断りする
催促する

言い過ぎたと感じたとき

**不用意な発言をしまして、
申し訳ございません。**

これもOK **軽はずみな発言でした。**

「不用意な発言〜」「軽はずみな発言〜」は、自分の発言で相手を不快な気分にさせてしまったときによく使う言い回し。

反省の意を示す

**先日の件、
深く反省しております。**

これはNG **反省させていただきます。**

深い反省をストレートに表現して誠意を示す。「反省させていただきます」は不自然な日本語で、誠意も伝わらないのでNG。

相手を怒らせた

**ご気分を害してしまい、
申し訳ありません。**

これもOK **大変失礼なことをいたしました。
深くおわび申し上げます。**

相手の気持ちに焦点を当てた表現。「先日の打ち合わせでは〜」など、時間が経過したあとに謝罪の意を示したいときにも使える。

配慮が足りなかった

**行き届かず、
申し訳ございません。**

これもOK **このたびは、いたらないことが
ございましたことをおわび申し上げます。**

「行き届かず〜」「いたらないことが〜」と、あくまで自分に責任があることを認めながら、率直に謝罪の意思を伝える。

不手際で迷惑をかけた

**私の不手際でご迷惑を
おかけして、申し訳ありません。**

これもOK **私の不行き届きで
ご迷惑をおかけしました。**

「自分自身が配慮に欠け、力不足で申し訳ない」という意思を表す。自分の非を素直に認めることが大切。「私の不注意で〜」と言ってもOK。

ミスを指摘された

**ご指摘くださいまして、
ありがとうございます。**

これもOK **ご親切におっしゃっていただき、
ありがとうございます。**

「すみませんでした」とただ謝るのではなく、相手の行動について触れながら感謝の意を示し、結果的におわびの意思を伝える言い回し。

言ってはいけないNG表現を覚えよう

謝罪の際は、右のようなふるまいに注意して、問題がさらに大きくなるのをふせごう。

NG 言い訳をする
言い訳や責任転嫁は厳禁。相手に迷惑をかけた事実を真摯に受け止めよう。

NG 否定的な表現をする
「そんなはずはありません」などと否定せず、まずは相手の話を聞こう。

NG 反論をする
議論で相手を言い負かすことが目的ではない。問題の解決を優先しよう。

“ほめる”

ほめるポイントを明確にすると喜んでもらえる。
さまざまな場面で使える表現をまとめた。

相手の細かい配慮をほめる

**普通はあそこまで
気が回らないものですよね。**

これもOK　対応力がすばらしいですよね。

配慮のきめ細かさには「普通は〜」を使ってほめる。不測の事態を含めた手際には「対応力が〜」などのフレーズを使う。

運がよいことをほめる

**普段の行いが
よいからですね。**

これはNG　運も実力のうちと
言いますからね。

「行いがよい→運がよい」と関連づければ、行いのよさをほめたことになる。「運も実力のうち〜」は「ただ運がいいだけ」と言っているのでNG。

能力や経験が上の人をほめる

格が違いますね。

これもOK　段違いの力量ですね。

「格が違う」はレベルの違いを指摘するほめ言葉。「段違い」も能力や経験をほめるフレーズだが、目上の人には使えない。

仕事のできばえをほめる

**次回もぜひ○○さんに
お願いしたいです。**

これもOK　次回もぜひ
ご一緒させてください。

目下の人・同格の人には「お願いしたいです」を、目上の人には「ご一緒させてください」を選択し、相手の仕事ぶりをほめよう。

相手の着眼点をほめる

**目のつけどころが
違いますね。**

これもOK　さすがに見ているところが
違いますね。

「目のつけどころ」「見ているところ」と表現すると、相手の鋭い着眼点やその背景にある豊かな経験を賞賛することになる。

知識の幅広さをほめる

よくご存じですね。

これもOK　なんでもご存じですよね。

どちらもゆっくり感嘆の気持ちを込めて言うこと。早口では、気持ちがこもっていないように聞こえ、失礼なニュアンスになる。

“報告する”

**状況をわかりやすく伝えることが第一。
回りくどくない言い方を心がけよう。**

仕事の進捗状況を報告する　遅れ気味のとき

○○の書類ですが、××の部分が問題で滞っており、まだ半分残っています。

これはNG　ちょっと問題があって、遅れぎみです。 ✕

遅れを伝えるだけでは、上司も対処できない。「××の部分が～」と問題点を伝え、「まだ半分～」と進捗を具体的に報告しよう。

仕事の進捗状況を報告する　順調なとき

○○の書類ですが、順調に進んでいます。×曜日には提出いたします。

これはNG　あの書類は、そろそろ終わりそうです。 ✕

進捗状況は期日を区切って報告することが大切。予測を立て、「×曜日まで」と報告。予測できないときは、少し多めの日数を伝えよう。

上司から報告を求められた

ご報告が遅れてしまい申し訳ございません。

これはNG　ああ、あの件ですね。 ✕

報告を求められたということは、相手に心配をかけたということ。具体的な報告をする前に、まずはおわびの姿勢を示そう。

営業のために外出する

○○社に営業に行ってまいります。×時頃に帰社予定です。

これはNG　行ってまいります。 ✕

外出予定は予定表に書くだけでなく、口頭でも報告しよう。できるだけ「×時頃～」と戻りの時間は具体的に伝えるようにする。

資料を見せながら報告する

こちらに資料をまとめましたので、ご確認願えますでしょうか。

これはNG　こちらが資料です。ご覧いただけますでしょうか。 ✕

複雑な内容は口頭だけでなく、資料を添えて報告する。資料を見せるときは、「ご確認願えます～」などの表現でひと言断る。

複数の案件を報告する

本日は○件、ご報告があります。

これもOK　○○と××と△△についてご報告します。

複数の案件を漫然と話すのはNG。聞いているほうも頭が混乱してしまう。「本日は○件」と具体的に伝えれば、スムーズに進む。

“連絡する”

事実を明確に提示することが大切。
状況に合わせて、お伺いや謝罪の姿勢を示す。

電車の遅延で遅刻する

申し訳ありません。電車の遅延で、
○分ほど遅れてしまいます。

これは NG　朝早く出たのですが、
電車が遅れたせいで遅刻します。✕

「なぜ遅刻するのか」「どのくらい遅れるか」を明確に。自分のせいではなくても、「電車が遅れたせいで～」という言い回しはやめよう。

電話を受けたことについて連絡する

○○社の××様より、
△△の件でお電話がありました。

これも OK　××様よりお電話がありました。
詳細はメモをご覧ください。

連絡の前に「今、よろしいでしょうか？」と声をかけよう。不在時は、上のように伝言メモを残し、あとで電話があったことを告げる。

病欠の連絡をする

体調がすぐれないため、
本日は休みをいただきたいのですが。

これも OK　体調不良のため、欠勤させて
いただけないでしょうか。

欠勤の連絡は必ず始業時間前に電話で。出勤が不可能でも「休みをいただきます」という断定口調は避け、許可を願い出る言い回しを。

私用で早退する

たいへん申し訳ありませんが、○○のため、
早退させていただいてもよろしいでしょうか。

これも OK　明日早く出社いたします。○○のため、
本日は早退してよろしいでしょうか。

早退するときは、理由を伝えてから「～よろしいでしょうか」と上司に許可を求める。いつ挽回するかを伝えるのもよい方法だ。

直帰するとき

本日はこのまま
直帰させていただきます。

これは NG　たぶん遅くなるので、
終わったら直帰します。✕

直帰の連絡は外出先で終業時間を過ぎたときに。用件が済んでいないうちに先回りして「たぶん遅くなるので～」と言うのは避けたい。

私用で休暇をとる

私用のため、○月×日に
休暇をいただきたいのですが。

これは NG　旅行に行きたいので、
×日は休ませてください。✕

旅行やレジャーで休む場合は、相手から尋ねられないかぎり「私用のため」と言い、具体的な理由を伝えなくてもよい。

“相談する”

**内容によってもの言いは変わる。
切り出し方から延長のお願いまで、実例を紹介。**

相談にのってもらいたい

○○さんのご意見を伺ってから結論を出したいので、ぜひ相談させてください。

これもOK　**○○さんならご理解いただけると思うので、ぜひ話を聞いてください。**

「○○さんの〜」「○○さんなら〜」と強調することで、「頼りにしていること」を伝える。「気が向いたら〜」などの言い回しは避ける。

上司にプライベートな悩みを切り出す

私ごとで恐縮ですが、ご相談させていただけますでしょうか。

これもOK　**個人的な話ですが、相談にのっていただけないでしょうか。**

「プライベートなこと」は「私ごと」と言い換えてお願いする。上司との関係が親密な場合は、「個人的な話」と言い換えても問題ない。

解決策が見つからず途方に暮れている

**お客様を怒らせてしまいました。
どう対処すればよいか、ご教示《きょうじ》ください。**

これもOK　**お客様からお叱りを受けました。対応につきましてご指導いただけませんか。**

クレームに対応する方法がわからなければ、以上のように言う。相手に教えを請うことになるため、「ご教示」「ご指導」などの言葉を使う。

迷っていることを伝えたい

**○○のことで迷っております。
ご意見をお聞かせください。**

これもOK　**○○の件で意見がまとまりません。アドバイスをいただけませんか。**

迷いの内容が「AかBか」のように限定できる場合、上のように言う。たくさん意見が出て混乱している状況なら、下の言い回しを使う。

改めて相談を持ちかけたいとき

**一度、考えをまとめてみます。
また、お時間をいただけますか。**

これもOK　**少し頭の中を整理してみます。また、相談にのってください。**

相手の意見や忠告に対して全面的に承諾できなかった場合や、もう少し聞きたいが時間に余裕がない場合、相談の時間を打ち切る。

相談の時間を延長してもらいたい

ようやく出口が見えてきました。もう少し、お時間をいただけないでしょうか。

これもOK　**貴重なご意見ありがとうございます。ひとつ確認させていただけますか。**

上は「もう少し」と感情に訴える方法。下は相手の意見に対して質問を投げ、結果的に延長をお願いす方法。状況を考えて選択しよう。

“電話を受ける”

明るくはきはきとした受け答えが基本。
会社の印象を左右するので、正しい言葉遣いで対応しよう。

電話口で相手が名乗ったとき

**いつもお世話になって
おります。**

これはNG　~~○○さんですね。
お世話様です。~~

「お世話様です」は、くだけた言い方なので、電話をかけてきた相手に対しては失礼。感謝の気持ちは簡略化せずに伝えよう。

会社で電話に出る

**お電話ありがとうございます。
○○株式会社でございます。**

これもOK　はい、○○株式会社です。

総合受付では、「お電話ありがとうございます～」と出るほうが無難。職種によっては下の文例のような言い回しでも問題ない。

電話口で相手が名乗らないとき

**失礼ですが、お名前を
お聞かせ願えますか?**

これもOK　お名前を伺えますか?

名乗らない相手には、名前を確認しよう。そのとき、「失礼ですが～」と断ってから聞けば、お互いスムーズに会話ができる。

とりつがれた電話に出るとき

**お電話かわりました、
○○でございます。**

これもOK　大変お待たせいたしました、
○○でございます。

とりつがれた電話でも、必ず自分の名前を告げよう。また、保留中の相手を待たせるのは30秒が限度。それ以上は、ひと言おわびを。

相手の名前の漢字を聞くとき

**恐れ入りますが、○○様(御社)は
どのような字をお書きになりますか?**

これもOK　大変恐縮ですが、漢字の書き方を
お教えいただけますでしょうか?

メールや文書で連絡をとる場合に備え、漢字の書き方を聞く言い回し。「小川」を「小さい川」のように、別の言葉に言い換えて聞く方法も。

名前が聞きとりにくいとき

少々お電話が遠いようです。

これもOK　もう一度伺っても
よろしいでしょうか。

相手の声が小さかったり、滑舌が悪かったりする場合は、そのことに直接触れずに、間接的な表現を用いて名前を聞き出そう。

“電話をとりつぐ”

相手を待たせない迅速な対応が鉄則。
状況ごとの決まり文句を覚えておこう。

とりつぐ相手が離席しているとき

**○○はただいま、
席をはずしております。**

これはNG ○○は、トイレに行っています。

食事やトイレ、喫煙など、私的な理由を相手に伝える必要はない。社内の案件が理由である場合も上のような言い回しを使おう。

電話をとりつぐ

**○○でございますね、
少々お待ちくださいませ。**

これもOK かしこまりました。
○○におつなぎいたします。

とりつぐ相手の名前は必ず復唱。部署内に同じ名字の人が複数の場合は「○○は２人おりますが、どちらでございますか？」と確認を。

折り返しを提案するとき

**折り返しお電話させて
いただきます。**

これはNG ○○から
折り返しさせますか？

とりつぐ人が不在のときは、相手にムダな時間を使わせてしまったということ。相手にかけ直しを強要せず、折り返しの電話を申し出る。

とりつぐ相手が遅刻をしているとき

**本日、立ち寄りがございまして
○○時に出社予定でございます。**

これもOK 電車が遅れたので、
今日はまだ来ていません。

電車の遅延など不可抗力や私的な理由でも、他社の人に説明する必要はない。出社時間を正確に告げ、折り返しの電話を提案しよう。

伝言メモを活用しよう

とりつぐ相手が不在の場合には伝言メモを活用しよう。あらかじめ下の体裁のメモをコピーしておけば便利。書いたメモは机に置き、相手が戻ったときに電話があったことをひと言告げよう。

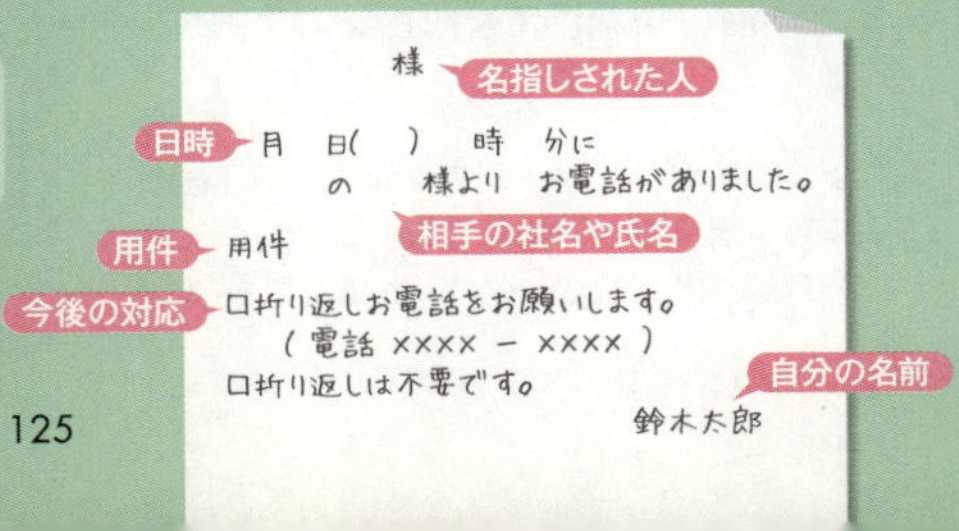

担当者の代わりに用件を聞くとき

**さしつかえなければ私がご用件を
伺います。いかがでございますか。**

これはNG どんなご用件でしょうか？

ほかの人にかかってきた電話を、代わりに聞くというのは本来失礼。「さしつかえなければ」と前置きして、提案する姿勢を示そう。

“お願いする”

お願いをするときのバリエーションを紹介。
微妙な言い回しをマスターしておこう。

同格の人に簡単な要件を頼む

お願いの前置き

すみません、お使いだてして申し訳ありませんが～

これは NG ✕ ごめんなさい、ついでにお願いしちゃいます。

「お使いだて」は「ついでに頼む」という意味。同格の人には上のようにお願いする。目上の人にはそんな用件を頼むこと自体がNG。

目上の人に急ぎではない用件を頼む

お願いの前置き

ご多用とは存じますが、お手すきの折にでも～

これは NG ✕ 急いでませんので、暇なときにでも～

「お手すきの折に」は「手があいているときに」の意味で、危急の用件でないことを伝える。「暇なときにでも～」は上から目線の言葉でNG。

重ねてお願いする

お礼の言葉

勝手を言って、申し訳ありません。

これは NG ✕ 今回は甘えさせてもらいます。

「勝手を言って～」は重ねてお願いする言葉だが、承諾してもらった直後に上のようにつけ加えればお礼の言葉になる。

締め切りの延期を丁重に頼む

お願いの言葉

○○の件、ご猶予《ゆうよ》をいただくわけには、参りませんでしょうか。

これは NG ✕ もう少し待ってもらうのは、難しいですか。

上のように述べてから「じつは～」と続けて事情を説明する。直前に頼むのはマナー違反なので、まだ余裕がある時期に切り出す。

目上の人にお願いする

念押しの言葉

お取りはからいのほど、よろしくお願いいたします。

これも OK お取りなしのほど、よろしくお願いします。

「お取りはからい～」「お取りなし～」は同じ意味のフレーズ。簡単なお願いはもちろん、トラブルをおさめてほしいときにも使える。

年配の部下にお願いをする

念押しの言葉

○○さん、ひとつお骨折りお願いいたします。

これは NG ✕ 何とか助けてくださいよ、○○さん。

ビジネスの現場では上司ではなくても年配の人には敬意をもって接しよう。気持ちを込めて「ぜひお願い申し上げます」と言ってもOK。

“主張する”

意見や指摘をするときの実例を紹介。
言い回しで与える印象が変わることを学ぼう。

目上の人にご注進するときの前置き

**お耳に入れて
おきたいことがあります。**

これもOK　お耳を拝借しても
よろしいですか〜

どちらも目上の人に「聞いてほしい」と訴える言い回し。「お耳に〜」を強調するときは「どうしても」をつける。

目上の人に意見を言うときの前置き

**差し出がましいようで
恐縮ですが〜**

これはNG　~~余計なお世話かも
しれませんが〜~~

「出しゃばるようで申し訳ない」と謝る前置き。「余計なお世話〜」は同義だが、目上の人には不適切な言い回しになる。

立場を超えて思い切って意見する

**失礼ながら
直言させていただきます。**

これはNG　~~ここは無礼講で
言わせてもらいます。~~

立場が下でも、意見しなければならないときは、「失礼ながら」と前置きし直言（ありのままに言うこと）する。「無礼講」は目下の人は使わない。

一刻を争う状況で意見する

**火《か》急《きゅう》の案件のため
前置きなしでお伝えします。**

これはNG　~~とり急ぎ、
用件のみで失礼します。~~

「火急の案件」とは「火がつくほど急ぎの用事」という意味で、急いで主張したい気持ちを表す。「とり急ぎ〜」は緊急ではない。

取引をやめることを宣言する

**今後のおつきあいは
ご遠慮させていただきます。**

これはNG　~~今後のおつきいは
考えさせてください。~~

「考えさせてください」とあいまいにせず、断るときはきっぱりと。「ご遠慮させて〜」は遠回しな言い方だが、相手に余地を与えていない。

上司の間違いを指摘する

**○○部長、私の勘違いでしたら
申し訳ございませんが〜**

これはNG　~~○○部長、もしかしたら
間違えていませんか。~~

「私の勘違いでしたら〜」と前置きすると指摘の表現がやわらぐ。「いや、間違っていたよ」と上司が認めたとき、会釈をして「失礼しました」と返す。

“お断りする”

依頼や要求を断るときは、遠回しな言い回しを使って、角が立たないようにしよう。

断る理由を述べる

なにぶんにも○○が××なものですから～

これもOK　私も悔しいのですが、○○なものですから～

最初に「なにぶんにも～」や「私も悔しいのですが～」をつけ加えるのは、理由を述べながら断るときに使う言い回し。

きちんと断る

○○は××いたしかねます。

これもOK　やむなくお断りさせていただきます。

「いたしかねます」は「できない」の遠回しな表現。下の文例のように「お断りさせていただきます」と直接言ってもOK。

取引先の要求を断る

上司とも相談したのですが、今回はお断りいたします。

これもOK　社内で検討させていただきましたが、今回は遠慮させていただきます。

「上司とも～」または「社内で～」と、上司や会社の判断であることを伝えれば、事を荒立てることなく、相手に納得してもらえる。

スケジュールが合わない

あいにく先約がございまして～

これもOK　はずせない用事がありまして～

「あいにく先約が～」「はずせない用事が～」などと、タイミングの悪さを理由としてあげることで、表現をやわらげることができる。

アポイントのない来客を断る

本日はあいにくとり込んでおり対応が難しい状況です。

これもOK　恐れ入りますが、別の日にお越しいただけませんでしょうか。

頭ごなしに断るのはNG。「とり込んでおり」のような表現で。「別の日に～」と依頼のかたちにすれば、相手の気分を害さずに伝えられる。

本来は受けたい仕事を断る

のちのちご迷惑をおかけするといけませんので～

これもOK　安請け合いをしてかえってご迷惑をおかけしてはいけませんので～

最初にお礼を述べてから、「のちのちご迷惑を～」と添え、「依頼はうれしいが、事情があって受けられない」というニュアンスを伝える。

“催促する”

「早く対応してほしい」という意思を表す
定型のフレーズを覚えておこう。

進行を促す

**そういえば、○○の件ですが、
その後の状況を教えていただけますか。**

これも OK　○○の件、
仕上がりを楽しみにしております。

「〜教えていただけますか」「楽しみにしております」は、どちらも精神的な負担をやわらげながら、相手に催促する表現になる。

進捗の遅れを指摘する

**ご多用のところ、誠に恐縮ですが、
○○の件いかがでしょうか。**

これは NG　○○の件、
お待ちしていたのですが……　✕

「誠に恐縮ですが〜」と低姿勢で協力を促しながら催促する。下の文例の「お待ちして〜」は責める表現になるので不適切。

入金を確認する

**すでにお手続きいただいておりましたら、
行き違いですのでご容赦ください。**

これも OK　行き違いがございましたら、
申し訳ございません。

すでに相手が対応している場合もあるので、気分を害さないように「行き違い」という表現を加える。再度、請求書を送る際にも添えよう。

進捗を確認する

**ご検討いただけました
でしょうか。**

これも OK　その後、いかがでしょうか。

進捗について「返事がほしい」ことを伝えたいときに使う言い回し。答えを返すことをやわらかく相手に要求できる。

事前に期限を確認する

**○日までにいただけると
助かるのですが、いかがでしょうか。**

これも OK　○日が締切りとなっておりますが、
その後、いかがでしょうか。

相手に締切りを意識させながら、「いかがでしょうか」と進捗を聞き出す。返事を聞いたあとは「お待ちしております」と返す。

品物の返却を催促する

**恐れ入りますが、こちらでも必要になりまして、
早めにご返却いただけますと助かるのですが。**

これも OK　当初の契約期間が過ぎましたので、
ご返却いただけませんでしょうか。

「こちらでも必要」と理由をはっきり述べて早めの返却を促す。契約期間を決めていた場合は、「当初の契約期間が〜」と返却を迫ってもOK。

仕事の教科書 mini

相手の心をつかむ
話し方・伝え方

2018年5月4日　第1刷発行

編集協力　有限会社ヴァリス
デザイン・DTP　櫻井ミチ
表紙写真　PIXTA（ピクスタ）
写真素材　fotolia.com

発行人　鈴木昌子
編集人　吉岡 勇
企画編集　浦川史帆
発行所　株式会社 学研プラス
〒141-8415
東京都品川区西五反田 2-11-8
印刷所・製本所　凸版印刷株式会社

《この本に関する各種のお問い合わせ》

●本の内容については
☎03-6431-1473（編集部直通）
●在庫については
☎03-6431-1201（販売部直通）
●不良品（落丁、乱丁）については
☎ 0570-000577
学研業務センター
〒354-0045 埼玉県入間郡三芳町上富279-1
●上記以外のお問い合わせは
☎03-6431-1002（学研お客様センター）

学研の書籍・雑誌についての新刊情報・詳細情報は、下記をご覧ください。
学研出版サイト　http://hon.gakken.jp/